民生发展竞争力：

测度方法、国际比较与影响因素

王雪妮 著

THE COMPETITIVENESS OF
PEOPLE'S LIVELIHOOD
DEVELOPMENT

人民出版社

目　录

序 ………………………………………………………………………… 1

前　言 ……………………………………………………………………… 1

第一章　导论 …………………………………………………………… 1

　第一节　研究背景及意义 …………………………………………… 1

　第二节　研究内容及框架 …………………………………………… 4

　第三节　研究方法 …………………………………………………… 6

第二章　民生研究综述 ………………………………………………… 12

　第一节　民生研究的理论基础 ……………………………………… 12

　第二节　民生研究的结构及思路 …………………………………… 18

　第三节　民生概念的界定 …………………………………………… 25

　第四节　民生指数的研究现状 ……………………………………… 27

第三章　民生发展国际竞争力研究 …………………………………… 34

　第一节　民生与生产力双引擎驱动理论 …………………………… 34

　第二节　民生的统计解析 …………………………………………… 36

　第三节　民生发展国际竞争力统计变量体系构建与测度 ………… 44

第四章　民生与生产力互动发展实证研究 …………………………… 59

　第一节　相关研究综述 ……………………………………………… 59

　第二节　变量选择与统计描述 ……………………………………… 61

　第三节　实证结果与解释分析 ……………………………………… 62

第五章 民生与生产力互动发展的影响因素研究 ················· 75

　第一节 相关研究综述 ····································· 75

　第二节 模型形式与估计方法 ····························· 77

　第三节 变量选择与统计描述 ····························· 80

　第四节 实证结果与解释分析 ····························· 86

第六章 民生发展水平及影响因素研究 ····················· 95

　第一节 模型形式与估计方法 ····························· 96

　第二节 变量选择与统计描述 ····························· 96

　第三节 实证结果与解释分析 ···························· 100

第七章 民生发展效率及影响因素研究

　　　　　——以健康投入转化效率为例 ················· 107

　第一节 相关研究综述 ···································· 108

　第二节 模型形式与估计方法 ···························· 111

　第三节 变量选择与统计描述 ···························· 115

　第四节 实证结果与解释分析 ···························· 121

第八章 民生发展均等化及影响因素研究 ·················· 129

　第一节 相关研究综述 ···································· 130

　第二节 模型形式与估计方法 ···························· 134

　第三节 变量选择与统计描述 ···························· 136

　第四节 实证结果与解释分析 ···························· 138

第九章 研究结论与政策建议 ·························· 152

　第一节 研究结论 ······································ 152

　第二节 政策建议 ······································ 162

附　录 ·· 166

参考文献 ·· 170

序

  互联网技术革命不仅在搜索引擎、知识图谱、社交网络分析方面增强了人们社会生活的广度和深度，以及大大推动社会网络系统测量与优化发展的研究，而且还使产业升级、价值链分工逐步走向互联网平台数字化、智能化，人类社会发展具备了科学技术支撑的以人为中心的全面发展，因此，民生发展的标志性成果正在成为互联网技术革命的归宿。

  民生发展是一个复杂的大系统，过去虽然也重视，但是在经济基础不够强大、生产力水平不够高的情况下，科学技术主攻的是生产力的快速发展，民生发展更多的是伴随生产力或社会再生产过程的循环，基本上属于实现环节的发展问题。应该充分肯定的是，我国一直把人民生活水平的提高放到重要的位置，改革开放成效的标准之一就是不断满足人民生活日益增长的需要，党的十七大提出"努力使全体人民学有所教、劳有所得、病有所医、老有所养、住有所居"；党的十八届三中全会强调让"发展成果更多更公平惠及全体人民"，强调"解决好人民最关心最直接最现实的利益问题，更好满足人民需求"；党的十九大报告提出，"发展是为了人民"，全面建成小康社会必须把增进人民福祉、促进人的全面发展作为发展的出发点和落脚点，注重社会公平，保障基本民生，满足人民日益增长的美好生活需要。党的十九大提出的高质量发展要求坚持以人民为中心的发展取向。

  显然，民生发展是我国现阶段和未来相当一段时期重中之重的工作，我们走来的历史中有哪些民生发展的精髓，有哪些成为未来发展的基因，是需要有理论、有方法、有实证的系统研究。

　　王雪妮这本专著是她博士生期间研究成果的发展，在博士生期间，她把民生发展作为研究的主要目标，发表了多篇高水平的论文，也开拓了民生发展统计模型方法应用的新内容，包括国际比较等实证分析，在统计模型应用于民生发展之研究上，做了许多积极有效的探索，我是比较欣赏的。因此，我认为这是一本非常有特色的民生发展研究的专著，不仅研究的问题前沿，而且整理了大量的统计数据，引入国际竞争力，提出双引擎动力发展学说，统计模型实证应用的科学论证，对该领域的研究提供了基本范式，我希望由此书的出版推动我国民生发展研究走向一个新的高潮。

赵彦云

中国人民大学杰出学者特聘教授

2019 年 5 月 10 日于中国人民大学明德楼

前　　言

改革开放以来,我国经济持续高速增长,创造了超级大国发展的奇迹,但民生水平并未随着经济增长同步提高,一些民生问题反而越来越突出。在这种情况下,党的十八届三中全会强调让"发展成果更多更公平惠及全体人民",强调"解决好人民最关心最直接最现实的利益问题,更好满足人民需求"。党的十九大进一步阐明"增进民生福祉是发展的根本目的","保证全体人民在共建共享发展中有更多获得感",并要求"在幼有所育、学有所教、劳有所得、病有所医、老有所养、住有所居、弱有所扶上不断取得新进展"。党和国家对民生的重视为我国保障和改善民生提供必要的政策保障,而将政策落到实处则需要正视民生发展滞后的原因并有针对性地解决问题。我国民生发展滞后于经济增长的主要原因是经济社会发展更强调生产,而不能充分挖掘生活和发展的源动力,最大的问题是民生发展与社会生产力的互动、可持续发展机制没有形成。推动民生发展需要经济实力驱动,需要配套的基础设施建设支撑,还需要沟通各系统的媒介要素以促进正能量转换。

对我国民生发展问题进行研究,应该逐步解决好几方面问题,包括如何看待民生发展、如何科学反映民生发展状况、民生发展有怎样的规律以及如何解释其中的原因。

首先,对于如何看待民生,民生是民众的生存和生活状态,以及发展机会、发展能力和权益保护的状况。民生发展不仅强调优化民生内部结构和发展的动态性,也强调生产力、基础环境、人口和社会制度环境等整个经济社会大系统对改善民生的复杂作用机制。从生产力角度来看,民生力是为满足民众生活和发展需求所形成的一类生产力,主要解决人与人自身、人与社会之间的矛盾,是内生发展的,而物质生产力主要解决的是人与自然之间的矛盾。在我国当前发展情况下,区分民生力与物质生产力不仅是从产业发展的驱动力量角度划分产业类型,也是强调民众个性化、多样化的民生需求对民生产业发展的巨大拉动作用。实现民生与生产力双引擎驱动,即民生力与物质生产力的互动、协同发展,不仅有利于培养经济发展新动力、优化产业结构,也是经济与社会实现平衡发展的必要条件。

从统计学角度研究民生问题,需要从民生统计数据调查结构和统计数据特征等问题入手。经济社会的发展现状决定着统计工作的开展,我国的民生统计发展相对滞后,并无专门的职能部门负责民生数据的统计工作。现有民生数据来源于人口调查、住户调查、教育统计、卫生统计等多个统计专题,数据统计工作由统计、教育、卫健、财政等多部委共同承担。另外,我国民生统计数据主要从民生发展水平、发展效率、发展均等化三个维度测度民生发展情况("三维一体"),但统计数据结构亟待完善,社会保障、安全、休闲等方面的统计公共数据较少,发展效率和发展均等化方面的统计调查指标需要进一步扩充和细化。结合经济学、社会学、管理学理论和现有统计数据,对我国民生发展情况进行测度包括就业、消费、文化教育、健康医疗、社会保险、安全和休闲7个方面,分为投入、产出、效率、均等化4个维度。而站在国际角度构建测度各个国家民生发展竞争力的统计指标体系可以综合考虑在生产力、基础环境、人口和社会制度等方面共同作用下的民生发展态势和发展结构。

利用1996—2014年瑞士洛桑国际管理学院(IMD)年鉴库数据对世界59个国家或地区的民生发展国际竞争力水平进行测度,结果显示发达国家民生发展竞争力普遍较好,不同的发展价值理念造就了民生发展系统的不同运行模式,追赶中的国家在一些领域具有优势。从世界看我国,我国在就业、教育和基础设施建设等方面成效显著,社会保障、卫生医疗和休闲要素是发展短板,而生态环境恶化、收入不均和社会制度环境发展趋势对民生改善的支持作用有限。

为了证明民生与社会生产力互动发展系统理论的科学性,需要用实际数据定量证明民生与生产力的互动发展关系以及社会制度环境对这一互动发展关系的中介作用。对于前者,针对现阶段我国改善民生中问题更为突出的教育、医疗、就业和消费,利用协整理论和 VAR 模型,对民生与生产力之间的关系进行实证研究,回归结果证实这些民生核心要素与生产力之间确实存在长期均衡关系,民生与生产力的长期均衡关系影响着民生要素的短期变化,但对生产力的短期变化影响较弱,说明我国民生力发展仍然较弱。对于后者,通过建立空间滞后面板模型等方法,分别从样本总体、软实力维度、国家发展阶段三个层面考察社会制度环境对民生与生产力互动关系的作用机制。研究表明社会制度环境对民生与生产力互动关系起着重要的媒介作用,其中政府管理的作用最直接、最有效,其次是法律制度,文化和价值观对社会经济发展起着协调和推动作用,社会环境制度对发展中国家的影响较发达国家更大。

　　对经济社会要素影响民生核心要素发展的作用机制进行实证检验之后,进一步将民生发展细分为发展水平、发展效率和发展均等化三个维度,进行世界发展格局的统计描述、寻找民生发展不同维度的影响因素及规律,对应于民生统计中的“三维一体”结构。第一,民生发展水平的数据来自民生发展国际竞争力评价结果,1996—2014 年 59 个国家的民生发展水平整体上不断提高,但竞争力分布发生了明显变化,显示出从分散到集中,从两极发展趋于单极发展的趋势。采用逐步回归法筛选出对民生发展水平有显著影响的因素变量,回归结果显示金融系统发展水平、信息基础设施建设、普通劳动者劳动收入、社会人口年龄结构和社会制度是否滋生贪污腐败等行为对民生发展水平有显著影响。运用分位回归技术对不同类型国家民生发展水平影响因素的作用效果进行分析和比较研究,通过研究得出:提高普通劳动者劳动收入水平最有利于提高亚洲发展中地区和中东地区的民生水平,对东欧以外的欧洲和英美等发达国家的影响相对温和;社会制度是否滋生贪污腐败等不恰当行为的软环境,对亚洲地区和东欧以外欧洲地区国家的影响作用更强;提高劳动力比重有助于大部分国家改善民生,作用效果在亚洲、东欧和南美地区更加明显,但对北美、东欧以外欧洲和大洋洲的经济发达国家几乎没有显著作用;信息基础设施建设对提高各国民生发展水平都产生积极影响;金融系统发展是民生发展的重要驱动力。

　　第二,以健康投入转化效率为例研究民生发展效率,利用 DEA 方法核算各个国家或地区健康投入转化效率,得出东欧以外的欧洲国家、北美国家、大洋洲国家的健康投入转化综合效率排在前列,东欧国家、大部分亚洲国家和非洲国家排名靠后,健康投入转化纯技术效率发展格局近似于综合效率,健康投入转化规模效率发展格局完全不同于综合效率。利用分析受限因变量的面板Tobit 模型对效率得分与经济社会影响因素之间的关系进行实证分析,研究结果表明创新能力、服务业生产水平、收入差距和环境治理能力是造成各国纯技术效率差异的主要原因;规模效率相对纯技术效率呈现 U 型曲线特征,而创新能力、服务业生产水平、人口规模也是规模效率变化的重要影响因素;通过对子样本数据的研究,得出教育水平也是发达国家健康投入转化效率的影响因素,而发展中国家提高转化效率更需要优先发展经济。

第三,分析民生发展均等化世界格局并实证研究其影响因素。民生发展均等化受到收入均等化、政府公共服务、税收政策、文化和价值观等方面的综合影响,其中初次分配结构对民生发展均等化的影响是基础性的。为了有针对性地研究由初次分配结构引起的民生发展均等化问题,用基尼系数作为各个国家民生发展均等化的测度指标。民生发展均等化高的国家主要分布在欧洲,以及亚洲的日本;均等化水平处于合理范围内的国家主要分布在欧洲、大洋洲,以及部分亚洲国家;均等化水平在警戒线附近的国家主要是部分亚洲和南美国家;均等化水平低的国家主要在南美洲,也包括少部分亚洲和非洲国家。利用分位数 LASSO 方法找出对收入均等化有解释力的经济社会要素,分别在全样本、发达国家、发展中国家样本条件下对基尼系数进行分位回归。研究结果显示,在国家发展的不同阶段,影响收入分配以及民生发展差距的因素发生变化,发展中国家经济社会发展尚处于较低水平,影响因素主要是科技创新、市场竞争公平性、人力结构和人力资本;全样本条件下影响因素增加了经济发展和基础设施建设水平;发达国家的金融发展、环境资源保护和社会价值观方面的内容对民生发展均等化也产生了影响。

总体来看,本书提出了民生与生产力双引擎驱动发展模式,从统计学角度分析民生统计现状并建立"三维一体"的民生发展统计变量体系,据此分析世界民生发展竞争力格局,定量研究影响民生发展及民生发展三个维度的经济社会要素及作用机制。从统计学角度研究民生问题,力求突出统计学在统计面对由社会建设滞后于经济发展带来的突出矛盾，党的十八届三中全会强调让"发展成果更多更公平惠及全体人民"，强调"解决好人民最关心最直接最现实的利益问题，更好满足人民需求"。党的十九大进一步阐明"增进民生福祉是发展的根本目的"，"保证全体人民在共建共享发展中有更多获得感"，并要求"在幼有所育、学有所教、劳有所得、病有所医、老有所养、住有所居、弱有所扶上不断取得新进展"。2018年，中央经济工作会议更是明确指出未来经济发展要更加注重满足人民群众需要，并将加强保障和改善民生作为下一年经济工作的重要任务之一。保障和改善民生已经成为党和国家谋划未来发展的主要着力点。

我国改善民生滞后于经济增长的主要原因包括，从消费及挖掘满足生活发展内在要求的源动力上不足，最大的问题是民生发展与社会生产力的互动可持续发展机制没有形成。人民在生活中不断有新的需求，追求新的生活方式和更高的生活水平是社会发展的根本动力。民生需求创新永无止境，兼顾更广的范围与更深层次的、个性化的需要，追求物质生活会向追求精神生活发展。创新不再仅仅是技术创新，服务创新、组织创新、管理创新、文化创新都是民生发展中的重要创新。而科技创新和生产力水平不断提高反过来会进一步引发更多的民生需求，形成以消费性服务业为主的新兴业态，实现个性化、多样化、高端化需求与供给互相推动的双重驱动发展模式，更有力地推动社会经济向前发展。在我国现有生产力水平情况下，如何调整经济中的不合理结构、如何从经济大国变为经济强国，需要以改善民生为发展目标解决这些问题。

事实上，由于民生发展有其独特的内生增长特征，还与经济社会系统各要素之间存在不可割断的联系，仅仅从财政民生支出、政府提供基本公共服务角度来研究我国民生问题并不充分。有鉴于此，本书强调民生发展与社会生产力的互动发展结构，即民生和生产力双引擎驱动发展是核心，基础设施和环境是发展基础，人口及社会环境是现实条件和传导中介，实现各子系统之间互动可持续发展是促进民生发展的必要条件。以民生与社会生产力互动发展系统理论为依据，本书对民生发展系统进行测度，对民生发展系统的整体运行机制和民生发展不同维度的影响因素作用机制进行定量研究，以期通过国际比较，找出我国民生发展的优势和短板，准确把握社会生产力对改善民生的作用机

第 一 章

导　论

第一节　研究背景及意义

一、研究背景

民生发展不仅是满足民生诉求、满足个人或家庭生活质量提升的需要,也是中国自身发展的源动力,更是从长期上解决经济和社会问题的根本途径。我国经济持续高速增长,创下了世界大国的发展奇迹,增加值总量、消费、投资规模已居世界前列。但是,我国民生改善速度不仅远低于经济增长,就业公平、收入分配、生活环境等方面民生问题还越来越突出。[①] 在庞大的人口基数和劳动力供大于求的现实情况下,我国的就业形势不容乐观,而社会保障制度尚在建立过程中,社会保障体系中资源短缺、管理责任划分不清等问题在短时间内无法彻底解决。[②] 教育的公益性与公平性弱化,教育资源投入不足与配置失衡并存,应试教育持续固化与职业教育滞后并存。[③] 公共卫生服务体系失衡、城乡卫生医疗水平和设施存在较大差距、医疗产品价格管制和质量监督不力等问题影响国民健康水平的提高。[④]

[①]　参见胡鞍钢:《中国:民生与发展》,中国经济出版社 2008 年版。
[②]　参见郑功成:《关注民生》,人民出版社 2004 年版。
[③]　张力等:《教育是民生之基》,《群言》2007 年第 11 期。
[④]　蔡洪滨:《健康、医疗与民生》,《群言》2011 年第 1 期。

数据处理、变量体系建立、变量关系探索和统计模型应用方面的方法优势,并借助经济学和管理学理论提高研究的科学性和现实感。将民生研究置于经济社会大系统中,搭建出民生与其他经济社会要素的客观联系结构框架,拓宽了民生问题的研究思路。从统计数据特征归纳出民生发展"三维一体"的分析结构,使对民生发展格局和影响因素的研究更细致和深入。根据民生统计数据特点和实际含义科学选择统计模型并应用于民生发展研究,从数据关联特征中寻找经济社会要素之间的必然联系,丰富了已有民生问题的理论研究,并为党和政府制定改善民生的政策提供必要的理论依据。

制,为政府部门正确决策提供理论依据。

二、研究意义

(一)理论意义

生活质量研究是以发达国家的实际情况为出发点,民生研究充分反映出处于转型期的我国人民生存、生活、发展和权益保护方面的迫切需求。但已有民生文献大多只是就民生谈民生,其研究只针对单个民生核心要素,将民生要素作为整体进行研究的文章较少,将研究视角扩展到民生与社会生产力互动、可持续发展的研究更是鲜见。本书融合了经济学、管理学和系统科学理论,提出民生与社会生产力互动发展系统分析框架,强调民生与生产力双引擎驱动的核心作用,并利用统计模型进行实证检验,为民生问题研究拓展了思路。

要从定量角度研究民生发展系统的运行机制必须首先科学测度其发展状况,本书从经济社会统计学角度对民生核心要素进行解析,提出包括发展水平、发展效率和发展均等化的"三维一体"统计测度结构,并将发展水平分为投入水平和产出水平,从投入、产出、效率和均等化四个方面构建针对民生发展核心要素的统计变量体系,从统计数据服务经济社会管理的角度提出优化现有民生统计的建议。进一步的,本书引入竞争力理论,在更加宏观的国际层面上构建民生发展国际竞争力统计变量体系,测度各国民生发展核心要素水平,以及在驱动力、基础力、纽带力支撑下的整个民生发展系统的发展结构和发展规律,利用统计模型证明了民生发展系统各部分之间的结构关系。

对应于民生统计数据"三维一体"的结构特征,本书对世界民生发展格局的分析也遵照"三维"结构。为了从定量角度研究影响世界民生发展格局和发展规律的经济社会因素,本书将统计理论应用于民生研究,包括分位回归、数据包络分析、面板 Tobit 回归、分位 LASSO 等模型,并将样本分为发达国家和发展中国家,比较经济社会因素对不同类型国家的作用效果差异。统计模型计算结果深化了民生研究理论,也拓展了这些模型的应用领域。

(二)现实意义

改善民生是国家当前改革与发展最急需解决的问题,从社会生产供给角度衡量发展的唯 GDP 目标,忽视了从引导个性化、多样化、高端化消费角度、强调全体人民生活水平不断提高的改善民生目标的重要地位。研究民生与社会生产力互动发展系统的意义就在于不唯 GDP 发展目标，而从经济与社会协同发展角度来科学地、全面地反映经济社会的发展水平、发展结构以及动态优化机制。我们所提出的民生与生产力双引擎驱动就是强调释放受到文化和知识积累影响的民生需求的内生发展力，强调民生内生发展力对科技和生产力的需求拉动作用，让生产力发展与民生发展形成内在协调的可持续发展机制，有效推动经济转型增效和结构优化调整，促进社会统计工作与经济统计工作的平衡发展，为国家科学发展提供现代决策分析手段和工具。

第二节　研究内容及框架

本书的研究目的是深入讨论改善民生对经济社会发展的重要意义，从政府统计角度探讨我国民生统计发展现状及特征，科学评价世界民生发展格局并比较出我国的民生发展态势，找出影响民生发展规律的经济社会影响因素，扩展民生理论并为制定改善民生的政策建议提供理论依据。围绕这一主题，本书首先对已有民生研究、马克思理论、生活质量研究、福利经济学、社会运行理论等相关理论进行梳理和评述（第二章），提出民生与生产力双引擎驱动理论，据此对民生发展的内涵和外延重新进行界定，从经济社会统计角度对民生发展进行解析，据此建立民生发展统计变量体系，并从更加宏观的角度设计对世界民生发展水平、发展格局和发展模式的定量研究框架（第三章）。在理论分析框架和分析数据基础上，对民生与生产力的互动关系、社会制度环境对民生发展的中介关系进行实证研究（第四章至第五章），并从民生发展水平、民生发展效率、民生发展均等化三个维度、发达国家和发展中国家两个发展阶段全面考察影响民生发展的社会经济因素（第六章至第八章）。根据实证结果，最后提出促进我国民生发展的针对性建议（第九章）。

本书的研究主体框架如图 1-1 所示，具体章节主要内容如下：

第一章，导论。导论部分主要阐述本文的研究背景，包括理论和现实角度的研究意义、研究内容、研究框架以及研究方法。

第二章，研究综述。主要从民生发展系统的理论基础以及现有民生研究两方面进行归纳总结,对于后者,本文分别从研究热点分布、文献学科分布、民生概念以及民生指数研究等多个方面整理文献,其中对研究热点分布和文献学科分布的考察分别通过对话题更为广泛的学术期刊上的民生论文,和能够进行更深入研究的以民生为题材的博士学位论文为研究对象进行文献整理。

第三章,提出民生与生产力双引擎驱动理论,设计民生发展统计变量体系,对世界59个国家或地区的民生发展国际竞争力进行测度。本章首先依据统计学、经济学、管理学、系统学理论提出并论述民生与生产力双引擎驱动理论,强调民生与社会生产力互动发展对我国经济社会持续健康发展的重要意义。本章从经济社会统计学角度对民生统计的现状及特点进行评述,依据"三维一体"的统计维度特征总结出民生发展统计变量体系,继而在更加宏观的视角下,引入竞争力理论建立民生发展国际竞争力统计变量体系。在此基础上,测度59个国家或地区的民生发展国际竞争力水平,比较分析不同国家民生发展国际竞争力的发展水平、动态发展趋势、发展模式,最终目的是得到我国民生发展国际竞争力的发展水平、发展特征及优劣势。

第四章和第五章,民生与社会生产力互动发展系统实证研究。本部分实证分析民生与生产力的互动发展关系,以及社会制度环境在民生发展系统中的中介作用。对于前者,本文分别考察了我国公民的健康医疗、文化教育、就业和消费与生产力之间的时间序列关系,借助协整理论和向量自回归模型,证实这些民生要素与生产力之间确实存在长期均衡关系,民生与生产力的长期均衡关系还会影响民生要素的短期波动。为了证实社会制度环境在民生发展系统中的中介作用,本书利用空间模型距离越近越相似的思想,设计了综合政府管理、法律法规和社会价值观三个维度的社会制度环境权重矩阵作为空间权重矩阵,证实社会制度环境越相近的国家,民生系统的发展阶段越相近。

第六章,民生发展水平影响因素研究。第六章至第八章将民生发展竞争力细分为民生发展水平、民生发展效率和民生发展均等化3个维度,分别考察这3个维度的世界发展格局,并采用统计模型找出影响民生发展3个维度的因素。第六章首先对民生发展水平的影响因素进行研究,采用逐步回归法筛选出对民生发展水平有显著影响的因素变量,运用分位回归技术对不同分位点下以及国家发展不同阶段下社会经济要素对民生发展水平的影响效果进行比较研究。

第七章,民生发展效率及影响因素研究。在考察民生发展水平的影响因素之后,本文以健康医疗领域为例,进一步利用 DEA-Tobit 模型分析民生发展效率及其影响因素。首先利用 DEA 方法核算了各个国家健康投入转化的综合技术效率、纯技术效率和规模效率。在此基础上,根据效率得分数据的统计特点,利用分析受限因变量的面板 Tobit 模型对效率得分与其影响因素之间的关系进行实证分析,并对发达国家和发展中国家的分析结果进行比较研究。

第八章,民生发展均等化及影响因素研究。本章以 Gini 系数作为衡量由收入差距引起的民生发展不均等程度的指标,首先,对 2011 年不同国家或地区的民生发展不均等格局进行描述分析,其次,利用分位数 LASSO 方法的变量筛选功能找出对民生发展差距有较强解释力的社会经济发展指标,分别对不同分位点下的全样本、发达国家、发展中国家样本的民生发展差距影响因素进行分析。

第九章,研究结论与政策建议。本部分首先对全文各章节的研究结论进行总结归纳。然后,根据研究结论,提出以改善民生为核心的、推动我国民生与社会生产力互动发展的政策建议。最后,讨论了研究不足和未来研究方向。

第三节　研究方法

一、向量自回归模型

本书提出民生与生产力双引擎驱动理论,拟利用我国数据对民生要素与生产力的互动发展关系进行实证研究。在已有定量分析方法中,联立方程模型(Simultaneous-Equation Model,简称 SEM)和向量自回归模型(Vector Autoregressive Model,简称 VAR)更有利于解决变量存在内生性所引起的估计有偏问题。如果利用联立方程模型,则建立两个方程,分别将民生发展和经济增长作为被解释变量,并估计参数;如果利用向量自回归模型,则分别将民生发展和经济增长作为被解释变量,所有变量的前期值作为解释变量,选择合适的滞后阶数,分析民生与生产力的双向动态作用规律。彭水军[①]和潘丹[②]的研究认为 VAR 模型相比联立方程模型的优势是它受已有理论的约束较小,更有利于分析系统中不同变量相互之间的动态影响,因此本文选择向量自回归模型。进行向量自回归模型进行分析需要依次利用单位根检验、协整检验、Granger 因果检验,最后拟合向量自回归模型,得到两者之间的内在依存规律。总结向量自回归模型有如下优点:

第一,运用向量自回归模型不需要有严格的经济理论为依据,这使得这一方法更适合于证明尚未理论化的不同内生变量之间的关系。在利用向量自回归模型进行分析的过程中,将需要证明相互之间有关系的变量分别放在不同的方程中,根据互相关函数、LR 检验、AIC 准测等工具判断最优滞后期,将变量之间相互影响的绝大部分反映在模型中。

第二,向量自回归模型对参数的要求比较宽松,即使一些变量的参数估计值没有通过显著性检验,这些变量也不需要从模型中去除,同时也不需要分析回归参数的经济意义。

第三,相对于联立方程,向量自回归模型的解释变量都是滞后项,并不包括当期变量,这就很好地避免了联立方程模型中由于变量内生性产生的参数估计量不满足一致性的问题。

二、空间面板数据模型

不同国家的民生发展模式之间可能存在相关性,比如,北欧的社会福利建设是以丹麦为首,瑞典、挪威等国紧随其后,但这一相关性可能并不仅仅是由于这些国家的临近性,更可能是这些国家的社会制度和环境更为相似。这种情况不适合于以各样本之间相互独立为假设前提的传统回归模型的研究,而更接近于对调节效应的研究。研究调节效应一般采用结构方程模型(Structural Equation Model),但建立结构方程模型需要有理论依据,否则容易

---

① 彭水军、包群:《中国经济增长与环境污染:基于时序数据的经验分析(1985—2003)》,《当代经济》2006 年第 7 期。

② 潘丹、应瑞瑶:《中国水资源与农业经济增长关系研究——基于面板 VAR 模型》,《中国人口·资源与环境》2012 年第 1 期。

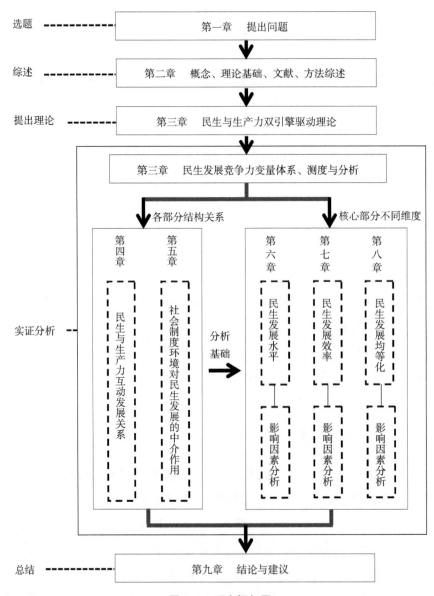

图 1-1 研究框架图

得到错误的变量关系。在这种情况下,本书认为国家社会制度环境作为社会生产力发展各系统之间能量传播的媒介,直接影响民生发展模式和效率,社会制度环境相近的国家之间更容易通过知识、信息和交流而产生影响、仿效和支配关系,使民生发展产生相关性和空间集聚。社会制度环境的媒介和同化作用与空间模型距离越近相互影响程度越高的思想不谋而合,因此本书利用空间面板数据模型(Space Panel Data Model)研究社会制度环境对民生发展模式的影响作用。本书使用空间面板数据模型分析社会制度环境对民生发展模式影响的基本思想,从法律制度、政府管理、文化和价值观 3 个维度建立社会制度环境空间权重矩阵,通过使用空间模型以及参数估计、假设检验,证明社会制度环境越相似的国家社会生产力对民生发展的推动作用越相近的推断。运用空间面板数据模型有如下优点:

第一,空间面板数据模型能够有效解决样本不符合独立性假设前提时对估计结果的不良影响。

第二,空间面板数据模型所用样本比空间截面模型多,使样本容量增大,有利于得到更加稳健的回归结果。

第三,这一方法不仅考虑了相同国家制度国家之间的相互影响,还将国家之间的相似性区分出不同程度,好于引入虚拟变量的回归方法。

三、分位回归模型

本书的主要内容之一是从定量角度研究哪些因素显著地影响了民生水平的发展,而传统回归方法主要是基于解释变量来估计被解释变量的均值,不能看到在所有民生水平下的情况,且回归假设较为严格,如有违反则回归效果会变得很差。Koenker 和 Bassett 在 1978 年引入分位数回归模型(Hierarchical Regression Model),将条件分位数模型化为预测变量的函数。使用分位回归对民生发展水平的影响因素进行参数估计和假设检验的基本思想是求出民生发展水平影响因素及影响效果的稳健估计,并求出在不同发展阶段下,民生发展水平影响因素的作用效果会发生怎样的变化。分位回归的优点包括:

第一,使研究结果能够更加全面地展示出被解释变量的分布是如何受解释变量变化的影响而发生变化的,包括被解释变量分布的取值范围和形状等方面的信息。

第二,解决了均值回归在违背方差齐性假设和正态性假设时所产生的估计失效问题,回归结果更加稳健。

四、DEA-面板 Tobit 模型

数据包络分析(Data Envelope Analysis,简称 DEA)的核心思想是通过估计有效前沿面,将各决策单元变量与所估计的有效前沿面进行比较,从而识别低效率决策单元,给出其相对效率值。民生发展效率测度具有多输入、多输出的特点,尚无确定的生产函数形式,而解决这样的问题正是数据包络分析的优势所在;与此同时,无需考虑输入输出指标的量纲问题可以有效避免计算模型中的设定和估计误差。使用 DEA 方法的基本思想是以健康医疗为例,选择适当的健康投入和健康输出指标对 59 个国家或地区的民生发展综合效率、纯技术效率、规模效率进行测度。由 DEA 模型计算所得到的效率值是受限被解释变量,而面板 Tobit 模型(Panal Tobit Model)正是为解决被解释变量分布具有截取特征所带来的 OLS 有偏不一致估计问题所产生的面板数据分析方法。因此,本书拟利用面板 Tobit 模型分析民生发展效率的影响因素。使用 DEA-面板 Tobit 模型的优点是:

第一,能求出各国健康投入转化综合效率,并分解出其中有多少来自纯技术效率,有多少来自规模效率。

第二,使参与面板数据分析的各个年份的效率值之间有可比性。

第三,面板 Tobit 回归能够有效解决在 DEA 模型计算结果均是正值的情况下,违反回归模型正态性假设产生的有偏不一致问题。

五、分位 LASSO 模型

第七部分将从高维变量中筛选出影响民生发展均等化程度的经济社会变量。从高维数据中筛选变量,逐步回归等方法往往因为变量间存在复杂的共线性关系,容易陷入模型估计结果局部最优的陷阱中;而一些实证分析证明逐步回归中解释变量被选择顺序发生改变时,回归系数的方差值也会发生改变,有时甚至变化很大,回归结构的稳健性无法保证。Tibshirani 提出的 LASSO (Least Absolute Shrinkage and Selection Operator)变量选择方法为了压缩模型系数,使用了模型系数的绝对值函数作为惩罚项,这一算法使得对被解释变量的影响非常小的解释变量的回归系数变小,甚至被压缩为 0,从而得到稀疏

解。本书用 LASSO 模型筛选出对民生发展均等化有显著影响的经济社会因素,其基本思想是将 Gini 系数作为被解释变量,将经济社会高维变量作为待筛选的解释变量,通过调节 LASSO 中罚函数参数的大小,控制筛选变量的强度,得到有较高解释力且有合适数量的解释变量集合。LASSO 方法的优点包括:

第一,能够解决逐步回归等传统变量筛选方法可能得到局部最优解的问题,对高维数据的筛选,能够通过控制罚函数参数的大小,使一些变量的回归参数迅速趋近于 0,从而得到较精简的解释变量集。

第二,目前,分位回归与 LASSO 得到很好的融合,能够得到更加稳健的回归结果,统计学家已经开发出进行分位 LASSO 回归的 R 程序包,可操作性强。

第 二 章

民生研究综述

第一节 民生研究的理论基础

"民生"一词产生于我国,随着社会发展,民生问题更能反映出我国的社会发展和文化特征。民生问题与生活质量问题有一定的相近之处,后者的研究和发展情况可以为民生研究提供借鉴和参考。马克思主义理论中对满足人民生活物质需求的重要性和实现途径的论述为民生研究提供了马克思主义哲学和政治经济学理论基础。福利经济学中社会福利最大化和社会福利函数的理论以及测度方法为民生研究提供了分析思路。改善民生并不是孤立的工作,而要考虑怎样利用经济社会资源来实现这一目标,系统理论和社会运行理论为研究民生发展大系统及内部结构关系提供了必要的逻辑基础。民生研究各理论基础与逻辑基础的关系如图 2-1 所示。

一、我国的民生思想

"民生"这一词语最早在《左传·宣公十二年》中出现,书中写道:"民生在勤,勤则不匮。"①这句话的意思是楚国君主劝诫百姓要勤劳,认为只有勤劳才能生活富裕。明代"前七子"之一的何景明在《应诏陈言治安疏》中写道:"民生已困,寇盗未息,兵马弛备,财力并竭。"这一段话用来揭露皇帝治国错误使

---

① 杨伯峻:《春秋左传注》,中华书局 1981 年版,第 731 页。

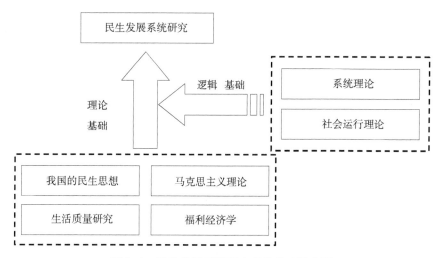

图 2-1　民生发展系统研究理论基础示意图

百姓生活状况恶化的状况。① 清末民初革命家、思想家、史学家章炳麟在《訄书·商鞅》中用"国政陵夷,民生困敝,其危不可以终一哺"②来表现当时百姓生活的悲惨境况。

孙中山先生提出"民生主义"思想,是具体阐述民生问题的第一人,认为"民生是人民的生活——社会的生存、国民的生计、群众的生命便是","社会主义的范围,是研究社会经济和人类生活的问题,就是研究人民生计问题","民生问题才可说是社会进化的原动力","民生就是政治的中心,就是经济的中心和种种历史活动的中心"。孙中山先生认为国家应该运用政治及经济力量来解决民生问题,消除两极分化,"使大多数人享大幸福"。孙中山先生提出解决民生问题的方法主要依靠平均地权和节制资本。③

中国共产党历来重视民生问题,始终把改善民生作为执政的最主要目标。以毛泽东为核心的中国共产党第一代领导集体对民生问题的重视贯穿于革命实践的始终,在争取民族解放、人民自由的同时想尽一切办法为人民谋福利。以邓小平为核心的党的第二代领导集体坚持解放思想、实事求是,提出了温

---

① 《四库全书》(第四四五册),上海古籍出版社 1987 年版,第 222 页。
② 张炳麟:《訄书》,辽宁人民出版社 1994 年版,第 191 页。
③ 《孙中山选集》,人民出版社 1956 年版,第 802、806、819、825 页。

饱、小康、中等发达水平 3 步走的战略思路,提出"让一部分人、一部分地区先富起来,大原则是共同富裕"①。以习近平同志为核心的党的新一代领导集体把改善民生作为深化改革的重中之重,在党的十八届三中全会上强调让"发展成果更多更公平惠及全体人民",强调"解决好人民最关心最直接最现实的利益问题,更好满足人民需求"②。在党的第十九次全国代表大会上,习近平总书记进一步阐明"增进民生福祉是发展的根本目的","保证全体人民在共建共享发展中有更多获得感",并要求"在幼有所育、学有所教、劳有所得、病有所医、老有所养、住有所居、弱有所扶上不断取得新进展"③。历年中央经济工作会议对改善民生问题的阐述不断系统化、深入化,将民生思想不断融入政府公共管理和服务体系中去。2018 年,中央经济工作会议明确指出未来经济发展"要完善制度、守住底线,精心做好各项民生工作",并将加强保障和改善民生作为下一年经济工作的重要任务之一。④

二、马克思主义理论

马克思主义是马克思和恩格斯在 19 世纪工人运动实践的基础上创立的理论体系,包括马克思主义哲学、马克思主义政治经济学和科学社会主义。从当代语境来解读马克思的思想理论,可以看到马克思的著作中蕴含了丰富的民生思想。

辩证唯物主义历史观指出"人们为了能够'创造历史',必须能够生活。但是为了生活,首先就需要衣、食、住以及其他东西。因此第一个历史活动就是生产满足这些需要的资料,即生产物质生活本身。……因此任何历史观的第一件事情就是必须注意上述基本事实的全部意义和全部范围,并给予应有的重视。"⑤马克思主义历史唯物论认为"推动社会发展的是创造社会物质财富和精神财富、不断改造整个社会的广大人民群众,群众应该得到由自己创造

① 《邓小平文选》第三卷,人民出版社 1993 年版,第 166 页。
② 《中共中央关于全面深化改革若干重大问题的决定》,《人民日报》2013 年 11 月 16 日。
③ 《决胜全面建成小康社会　夺取新时代中国特色社会主义伟大胜利》,《人民日报》2017 年 10 月 19 日。
④ 《中央经济工作会议在北京举行》,《人民日报》2018 年 12 月 22 日。
⑤ 《马克思恩格斯文集》第一卷,人民出版社 2009 年版,第 531 页。

的社会的现实关照和回馈",即改善民生。所以,重视改善民生,实现广大人民群众的切身利益是更好地推动社会发展的必要条件。

马克思主义辩证唯物论也包含着民生思想。首先,马克思主义矛盾论认为主要矛盾决定事物的前进方向,要解决问题必须抓住主要矛盾。人类社会中,人的需求和发展是社会发展的最终目的,生产力、制度和文化等都是达到最终目的的手段,因此关注民生就是抓住社会发展的主要矛盾。其次,人类社会不断变化和发展,这体现为经济发展与人的发展,必须坚持人的发展与经济发展相协调,经济发展的成果应体现在民生水平不断提高。最后,马克思主义认为满足个人利益和实现个人自由是衡量社会发展水平的最主要依据,这也是社会发展的最终目的。换句话说,人同时作为社会发展的主体和社会发展的动力和目的,社会发展必须把实现人民全面、自由发展作为本质要求和最终价值目标。

三、生活质量研究

生活质量是一个多维概念,是作为替代纯经济视角的社会发展观而提出的社会发展新目标,包括生活的物质财富和非物质两个维度。发达国家对生活质量的研究来源于社会指标运动,始于20世纪60年代,斯堪的纳维亚模式和美国模式是最具代表性的研究模式。斯堪的纳维亚模式采用了客观指标的研究方法,认为生活质量与人们所需要的客观资源息息相关,主要包括收入、资产、教育、知识技能以及社会关系网络等,而主观评价建立在个别体期望水平基础之上,由于不能作为具备社会政策制定的具有普遍性的标准而不需要细致研究。主观生活质量研究的考察对象主要是人们的精神活动、心理活动等主观内容,指标体系的构建具有明显的精神健康的取向,在客观生活质量测量无法触及社会现象本质以及需要考虑社会实践或社会发展趋势对社会成员的内心冲击时,发挥了不可或缺的作用。

生活质量问题的提出是建立在发达国家物质极大丰富、社会制度比较完善的背景下的,而作为不同社会制度的中国,经济社会发展程度远没有达到发达国家的水平,是在经济发展中谋求人民生活水平的不断提高,是在追赶中的互动,因此考虑到我国的实际发展阶段,则更要关注反映人民的生存和生活现状、发展和权益保障问题,这即是研究民生问题的最主要和最现实的原因,但生活质量的已有成果对研究民生问题起到重要的借鉴作用。首先,民生问题的研究比较倾向于客观指标方法,认为在我国民生发展刚刚起步阶段,保障民生水平提高的客观基础更为重要,但一些主观指标的合理补充可以使评价结果更为全面和准确。其次,民生系统的概念可以从大量的对生活质量问题的研究中所涉及的维度和领域里,找出反映人民生存和生活现状、发展和权益保护问题的方面,并以社会运行理论为指导,将这些民生基本问题和关联要素进行区分,并抽象出各子系统对民生核心要素的作用关系。

四、福利经济学

福利经济学关注的核心是特定社会状态下社会福利的高低,福利经济学的每一项理论都与社会发展实际密切相关,是关注民生、关注整体资源优化的经济科学,它不仅与经济、社会发展实际息息相关,更是已经成为社会、经济政策方案选择的指导标准。一些福利经济学家的代表性观点对研究民生问题也有启发作用,如约翰·罗尔斯在《正义论》中提出"在社会和经济不能够完全平等的前提下,必须有少部分人享受较大的利益;这种机会应该公平公正地向社会所有成员开放,而不是局限于某些特定的人群"。印度学者阿马蒂亚·森指出"交换权利不仅仅依赖于市场交换,而且还依赖于国家所提供的社会保障"。"社会保障是对于市场交换和生产过程的补充,这两种类型的机会结合起来决定了一个人的交换权利。"

福利经济学理论为研究民生问题提供了理论基础,这首先体现在福利经济学所遵从的经济和社会的发展要最终落实在社会福利水平的不断提高这一核心目标。在物质基础无法保障人民福利的情况下,优先发展经济的策略确实符合一般发展规律,但随着经济水平的不断提高,经济和社会发展要体现在改善民生上,体现在人民的生存、生活、发展以及权益保障问题上来,这样的发展理念才是可持续的、有强大动力的。其次,人类发展指数代表了一类重要的社会福利度量方式,代表人类发展是多维的,但人类发展指数只能反映指标中所涉及的教育、卫生保健和经济发展的部分情况,不能测度出社会福利,乃至民生的所有方面的综合水平,因此要在此基础上增加测量维度。最后,完全市场条件下,经济的任何发展水平都可以达到帕累托最优,但政府的宏观调控包括社会保障是权衡效率与公平的重要保障。在民生问题研究中,不能仅仅从宏观角度来考虑总量问题,在经济和社会发展中的公平与分配问题同样是需要研究的重要方面,包括收入分配、性别平等、就业平等方面。

五、一般系统理论

由系统理论看民生问题,可以从以下几个方面给我们启发。首先,民生发展系统由不同的子系统组成,民生核心要素、生产力、社会环境等各子系统内部以及他们之间只有相互协调配合,才能使民生发展大系统良性运转。其次,民生核心要素、生产力、社会环境等子系统之间并不是孤立的,而是存在着复杂的关系,一个子系统变化必然会引起其他子系统发生相应的变化,因此以生产力为唯一目标的发展不可持续,会受到其他发展缓慢子系统的制约。而对于改善民生,同样不能为了改善民生而只谈民生,要充分利用其他子系统能够发挥对改善民生有积极推动作用的规律,避免某些子系统的发展短板制约民生发展。民生发展系统是一个多层次的系统,不仅其本身由各子系统组成,各个子系统又包含若干方面、若干子方面,每个层次的发展规律不尽相同。比如民生发展系统包括了民生核心要素,民生核心要素下又包括了就业、消费、教育、医疗等多个方面。这说明在民生研究中,不仅要分析民生核心子系统与其他子系统之间的作用机制,还要分析就业、消费、教育、医疗等民生核心要素之间的异同和互动关系。

六、社会运行理论

社会运行理论以马克思主义的"社会有机整体"思想和"社会系统"思想为理论渊源,主要包括构成社会统一体的各个组成部分是相互包含、相互依存,作为一个整体不可分割,社会有机体时刻处于变化之中,生产力和生产关系的辩证关系以及经济基础和上层建筑的辩证关系等思想。社会运行理论提出"社会学是关于社会良性运行和协调发展的条件与机制的综合性具体科学"这一定义,形成了社会学研究的新视角。社会运行理论的主导观念是社会良性运行和协调发展,即是强调社会运动、变化、发展的整体性、联系性;认为社会的各个构成部分,如人口、自然环境、文化、经济、政治、意识形态等都不是孤立存在的,而是相互联系的;社会的某个子系统的运行和发展需要有其他子系统的配合,否则就不会实现良性与协调的社会运行,只能导致一种动荡不安、冲突迭起的社会运行。

社会运行理论是对以发展的、整体的、关联的视角研究民生问题的重要依据和有力支持。将社会运行理论关于纵向和横向发展的思想运用到民生问题的研究中,可以认识到民生水平不仅随着时间发展,在各个发展阶段中,民生基本层面还和各系统交织在一起,其区分是相对的,而不是绝对的,但一些要素、子系统的功能发挥对另一些要素和子系统的发展可以起到限制和约束作用,也可以起到推波助澜的作用,存在于一个子系统的问题可以转变为另一个子系统的问题。此外,以社会运行理论思想为依据研究影响系统对民生基本层面系统的作用机制有助于搞清民生系统运行的内在过程,以及实现社会良性运行和协调发展的途径和方法。因此,要改善民生,应该研究要素和子系统的相互作用才能认识民生问题、对民生状况做出评价,合理运用社会运行的动力机制、整合机制等机制和规律,才能提出切实提高民生水平的方针和政策。

第二节 民生研究的结构及思路

"民生"一词源自我国,已有民生文献基本上是我国学者撰写的中文文献。对已有民生研究进行归纳总结不仅要把握总体,还要抓关键点。对民生文献进行综述主要围绕三个方面,分别是对已有民生研究的总体情况、民生概念、民生指数进行归纳总结。首先,对民生研究的总体情况进行归纳总结,是为了在民生研究主题愈加丰富、研究文献数量在近些年呈爆发式增长的情况下,对已有民生文献的研究范围、关注点、不同关注点受关注的程度、研究角度和研究方法进行整体把握,以利于本书准确把握民生研究脉络、研究重点和研究趋势,进而更加合理有效地建立本文的研究体系。其次,研究民生问题必须要准确界定民生的内涵和外延,只有依据已有理论、对已有文献的民生概念进行总结和辨析,才能提出有益于本文研究的更科学合理的民生概念,保证整个研究的准确性和有效性。最后,本书的主要研究内容之一是建立民生发展统计变量体系,而现有民生指数研究质量差距较大,但可以为这部分研究提供必要基础和依据,因此对现有民生指数进行总结和分析是必不可少的。下文分别对民生研究的这三个方面进行综述和讨论。

对民生研究进行综述主要是针对中文期刊论文和博士学位论文两部分分别进行。这是因为近年来民生文献数据呈爆发式增长,研究范围不断扩大,而中文期刊论文数量更多、覆盖话题更广泛,其研究更重视时效性,也可以针对一两个研究要点进行讨论,更适合于从中得到关于民生研究范围、整体趋势、关注点的结构特征等问题的认识。而博士学位论文需要有更充分和详细的理论基础和依据,研究中更重视创新性和对问题的深入挖掘和思考,更适合于从中发现不同学科对民生问题的研究思路、研究脉络并加以比较,据此更准确地定位本研究。将中文期刊论文与博士学位论文两部分相结合,充分发掘不同体裁文献的特征和优势,使研究综述既兼顾整体,又抓住关键。

一、民生文献的研究范围和关注点

对 1999 年至今中文期刊"民生"文献发表情况进行搜集和研读,可以得到不同专业科研人员对民生问题关注程度的历史演变过程和各学科关注情况。

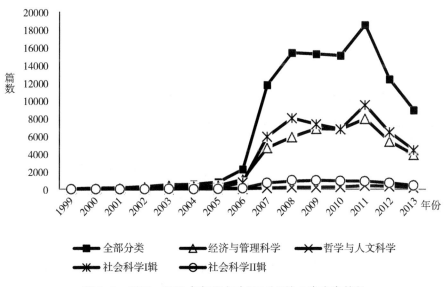

图 2-2 1999—2013 年标题包含"民生"的文章发表篇数

由图 2-2 可以看出，从 1999 年至今，无论是从全部分类，还是从各类文献子辑来看，中国知网收录的题目包含"民生"的中文期刊文章数量都呈现出两个阶段，以 2006 年为阶段分界点。在 2006 年以前，"民生"论文虽呈逐年提高趋势，但总数仍然较少，2005 年全部分类的"民生"文章发表了 791 篇，为 2006 年之前年份的最大值，2006 年猛增至 2240 篇，增长了 183.2%，2007 年增长了 425.9%，经济与管理科学Ⅰ辑和社会科学Ⅱ辑 2006 年分别增长了 173.7% 和 463.6%，2007 年分别增长 338.7% 和 490.3%。哲学与人文科学和社会科学Ⅰ辑的"民生"论文发表量在 2007 年骤增，分别增长了 329.7% 和 693.5%。在 2007 年之后，"民生"论文发表量一直处于一个较高的水平。论文标题中没有包含"民生"字样但内容属于民生问题的论文的已发表数量更多。由此可见，党和国家对民生问题的逐渐重视是近年来"民生"论文呈井喷式状态发表的重要影响因素。

研究者们从不同的学科专业角度对民生问题展开了热烈的讨论，可以看到社会科学Ⅰ辑的"民生"论文数量最多，其次是经济与管理科学，两类期刊所刊登的"民生"论文数量远远多于哲学与人文科学、社会科学Ⅱ辑。通过对不同学科分类期刊辑文章进行搜索，可以看到从马克思主义中辨析出民生思想，或者研究在中国共产党执政纲领和执政历程中所体现出的民生思想的文章在社会科学Ⅰ辑中占有绝对比重。

对中国知网收录在 2013 年前 11 个月中刊登的核心期刊、CSSCI 索引期刊和 EI 来源期刊中的"民生"论文进行进一步研读和分析，可以得到研究人员对民生问题的界定范围和关注侧重点。这 180 篇文章从多学科、多角度对民生问题进行了研究。通过对文章关键词中重点词汇的出现频次进行统计，可以看出以民生为标题的文章研究领域和研究角度的分布情况，见表 2-1。通过对重点词汇进行检索，发现从民生要素角度进行研究的文章最多，对党和国家领导人的民生思想进行研究的文章也较多，从指数和评价角度研究的文章同样占有一定比例。此外，还有一些从地域角度（城市、农村、民族地区）、转型和矛盾等角度研究的文章。

进一步从民生要素角度对民生文章重点关注要素格局进行分析。从图 2-3 可以看出，这些文章对社会、管理、治理、政府、服务、法律、财政税收这些方面关注的程度最高,出现频率达 136 次,远远领先于其他民生要素。出现频率之和在 20 次以上的还有经济、金融、生产,说明生产力对民生改善的促进作用也是研究人员关注的重点。出现频率之和在 10 次以上的还有科技/高校/文化、科技/创新、环境/生态/林业、收入/分配。相比之下,安全、休闲、基础设施建设和人口词汇的出现频率较低,只有 1 次到 2 次。

表 2-1 民生文章关键词中重点词汇出现频数

范 围	重点词汇	出现频次
民生要素	社会,管理,治理,政府,服务,法律,财政税收,政策,经济,金融,生产,教育,高校,文化,科技,创新,环境,生态,林业,收入,分配,社会保障,就业,消费,内需,医疗,健康,卫生,安全,休闲,旅游,基础设施,人口	260
马克思、中国共产党和中国领导人的民生观	马克思,共产党,红军,社会主义,孙中山,毛泽东,邓小平,习近平,政治,民生观	80
民生指数与评价	指数,调查,指标体系,评价	16
不同地区的民生	农村,农民,农业,城市,城乡,民族	23
其 他	十八大,小康	8
	民主,公平	13
	转型,矛盾,国有企业	6

通过对现有文献的民生定义进行总结,也能够看出学者们对民生范围、重点研究方向的判断。在这些论文中,有些清楚地表述了"民生"的定义及所包括的方面,有些文章通过全文表述体现出作者对民生问题所包含的方面,或者是作者认为民生问题中最重要、最需要研究的方面的判断和认识,如图 2-4所示。"民生"论文对教育、医疗、社会保障、就业和住房这 5 方面问题关注的比例相对更高,均有超过 50%的"民生"论文对这些方面进行了研究,5 个方面中对教育和医疗方面关注的文章比例最高。论文对收入、社会环境、自然环境、安全、文化、基础设施、消费和人口问题所关注的比例均在 20%以上,其中社会环境包括政府管理、社会风气、公平和法律等方面,安全包括生产安全、食品安全、人身安全、财产安全等方面,基础设施包括交通、信息通信、市政建设

等方面。除此之外,生产力水平、创新、休闲、资源和能源、财富、税收等关键词拥有不同程度的出现频率。需要指出的是,"吃饭""穿衣""出行"这些关键词较多地出现在对民生思想渊源的研究中,而对"三农"民生问题进行重点讨论的文章也占有一定比重。在对民生概念的归纳和具体研究中,应该对已有文献所涉及的民生具体方面进行判断,并根据民生各方面的不同重要程度划分水平和层次,以实现科学合理的综合和应用。

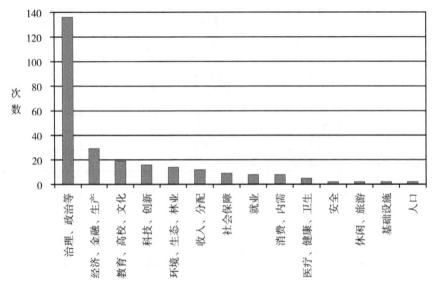

图2-3　2013年核心期刊"民生"论文涉及具体民生问题情况

二、民生文献的深入研究角度和研究脉络

相比于学术期刊论文,博士学位论文更注重研究的前沿性和创新性,文献资料搜集更加充分、全面,研究过程更加系统和深入,更能代表不同学科的研究视角、研究核心问题以及最新研究进展。从中国知网博士学位论文数据库查到,到2015年2月为止共有31篇民生题材的博士学位论文,对这些论文进行归纳整理情况如下:

第一,所涉及学科领域不同。从不同学科民生题材博士学位论文的数量可以看出目前对民生问题有较深入和系统研究的主力学科,并看出学术界剖

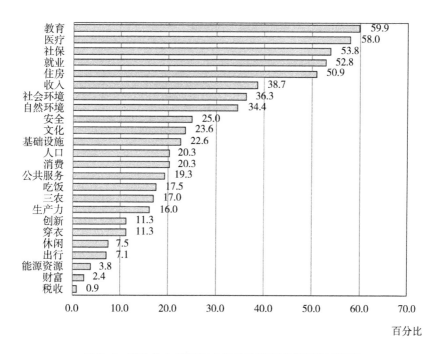

图2-4 民生论文关键词中民生要素重点词汇出现频数

析民生问题的角度。如图2-5所示,迄今为止学术界对民生问题的研究主要从法学和经济学角度切入,体现在法学和经济学博士对民生问题研究的文献数量最多,分别有14篇和6篇,其中法学学位论文全部来自政治学和马克思主义理论学科,经济学学位论文来自政治经济学、人口、资源和环境经济学,以及财政学。除此之外,历史学、管理学、哲学、教育学和文学博士学位论文中分别有1-3篇取材于民生问题。

第二,不同学科领域的研究切入点和研究思路不同。政治学和马克思主义理论学科阐述民生问题的博士学位论文主要是围绕马克思恩格斯、孙中山、中国共产党以及历任最高领导人的民生思想、民生理论、民生实践展开,大都阐述了思想的源起、历史背景、具体包括的内容、具体实践中的成绩、存在的问题及原因和对策、国内外的对比情况。

经济学博士学论文主要围绕财政民生支出、民生科技、特定群体的民生问题等方面展开。其中,对财政民生支出进行研究针对用于改善民生的财政资

23

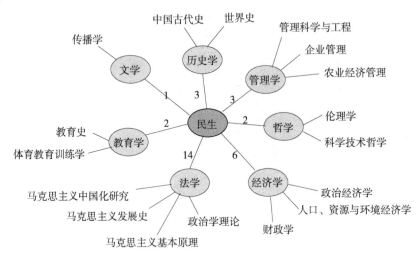

图 2-5　民生题材博士学位论文所属学科门类及二级学科分布情况

注：数字代表学位论文数量。

金的使用情况及使用效果，首先界定财政民生支出的范围，再围绕财政民生支出的规模、结构和效率等方面进行评价，通过国际化比较等方法得出我国财政民生支出存在的问题，进而提出政策性建议。研究民生科技的学位论文主要从民生科技的作用、民生科技发展现状及存在问题、国外经验以及我国重点发展领域和发展对策等方面展开论述。此外，还有论文站在公民权利角度针对中国农民的民生问题历史演变、存在的问题及制度原因等方面展开论述。

　　管理学有关民生的 3 篇博士学位论文分别从政府民生绩效评价、非经营性国有资产管理和小额信贷影响农民民生 3 个角度进行选题。历史学有关民生的 3 篇学位论文主要从近代我国或国外特定地区的民生问题或特定组织的民生活动情况展开研究。哲学有关民生的 2 篇博士学位论文分别就孙中山民生主义和民生科技问题展开研究。教育学有关民生的 2 篇博士学位论文分别研究了邰爽秋的民生教育思想和实践情况，以及广州亚运会民生举措的效果评价。从传播学角度对民生问题进行研究的学位论文围绕社会民生网络论坛中活跃分子的行为展开研究，对在社会结构调整与社会冲突加剧背景下中国民众表达观点、参与社会公共事务讨论的意愿、行为特征、规律和原因进行分析，是唯一一篇从民众角度出发研究民生问题的学位论文成果。

对已有博士学位论文民生研究进行总结,有如下几点认识:

第一,绝大部分研究均从党和国家角度,从党和国家的民生观、财政民生支出的使用情况、政府改善民生绩效评估、从民生角度探讨非经营性国有资产的管理模式、举办亚运会的民生举措等,这代表着目前民生研究的出发点仍停留在认为改善民生的动力主要源于党和国家的认识、重视、政策倾斜、财政支持,而没有研究提出改善民生并不仅仅是国家财政实力增强后的重要任务,而是改善民生有自身发展的内生力,民生充分发展更是会起到驱动经济社会发展的作用。

第二,研究民生问题的重要实践价值之一在于准确掌握我国民生发展水平和特点,针对当前所存在问题,利用民生发展规律制定出能够高效改善民生的政策策略,因此以史为鉴、定性分析民生发展现状以及所存在问题是进行深入研究的必要基础。现有博士学位论文大多侧重于追述民生思想的历史渊源和定性分析民生发展现状,对民生发展水平进行定量评价的研究很少,在此基础上深入分析民生发展内在动力和发展规律的研究更少,未来应该继续推进深入研究。

第三,现有博士学位论文中提到的影响民生发展的因素主要包括财政支出、金融工具和科技等,主要是站在改善民生的资金来源和科技手段角度,而对经济社会其他方面对改善民生所起到的作用涉及较少,对民生与生产力、基础设施建设、自然环境、社会制度环境的关系没有展开讨论。

第三节 民生概念的界定

迄今为止,民生概念仍没有一个统一的表述。在已有民生文献中,有代表性的概念包括如下几种说法。

孙中山先生最早对民生的概念做明确阐述,体现出了民生在那个动荡的、民不聊生的时代的特殊意义,也说明对民生问题的研究是随着时代背景和人们的需求、认知水平的变化而发生变化。广义狭义说体现出对民生问题的研究有其最核心的方面,也有相对来说不那么核心、相关程度较低的方面,以及影响民生核心方面的那些方面,对民生问题的研究需要对不同相关程度的方面划分出层次进行研究。七有说提出之后，有相当一部分文章直接对其进行引述并作为民生概念，这反映了党和国家站在代表全国人民利益、时刻为人民谋福利的角度上，从国家管理和政策制定角度提出了我国民生问题最核心的方面，或者可以说是我国改善民生最急需解决的方面。三层次说体现了改善民生也不可能一蹴而就，要准确把握民生发展的客观规律，研究民生各个方面之间的作用和影响因素对民生核心方面的作用效果，根据民生发展不同阶段、经济和社会的发展水平科学合理地制定改善民生的政策。成果内容说充分地体现出各位学者从不同专业角度对我国民生问题的洞悉和思考。

这些代表性民生概念反映了不同研究者的不同思考、归纳角度如图2-6所示。总的来看，部分概念更倾向于从反映时代背景的实际问题角度出发，给出改善民生所应覆盖的实际范围，如民生主义说、七有说和成果内容说，而广义狭义说和三层次说更体现出其逻辑思考的方式，进一步将这些实际问题进行剖析、分解、分层和归纳，分别强调了核心与边界的相对关系，以及逐层递进的研究方式。但这些概念没有体现出对民生这一复杂系统的客观判断，没有站在整体角度对各民生子系统内部和之间的关系进行进一步阐述。这个缺陷不仅制约了科学理论的更深层次的研究，还会使政策制定和实施的效果大打折扣。同时，为了体现出等同于经济水平高低或GDP高低在不同对象比较中所体现出的对标分析的意义，便于比较民生系统发展水平的优势和劣势，我们将竞争力思想引入民生概念，这代表后文的实证研究会更多地运用统计方法进行处理并对不同对象进行比较。

根据上述分析，我们认为民生的内涵是"民众的生存和生活状态，以及发展机会、发展能力和权益保护的状况"。民生的外延是经济社会大系统的要素，除了就业、消费、文化教育、健康医疗、社会保障、安全和休闲要素，还包括生产力、创新能力、基础设施建设、自然资源环境、人口、收入和社会制度环境方面。从系统角度来看，人们最基本生存和生活、最基本权益是民生系统的核心，包括就业、消费、文化教育、健康医疗、社会保障、安全和休闲，生产力发展和创新是民生系统的持续动力支持，环境和基础设施是民生发展保障的公共条件，收入、人口再生产和社会制度构成连接民生核心与生产力和基础力之间的纽带力，总体上形成一个大的竞争力系统循环，并由低级向高级循序渐进、可持续发展。民生发展不仅强调发展动态性和优化民生内部结构,也强调生产力、基础环境、人口和社会制度环境等整个经济社会大系统对改善民生的复杂作用机制。民生与社会生产力互动发展系统的结构如图 2-7 所示。

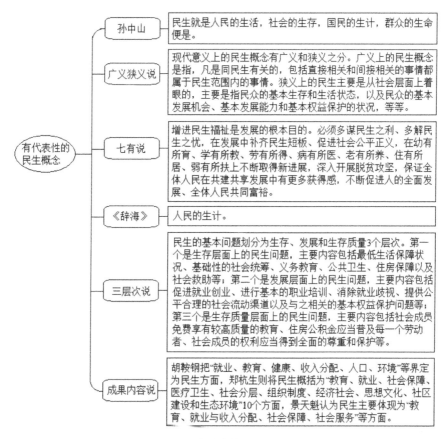

图 2-6　有代表性的民生概念

第四节　民生指数的研究现状

现有民生指数的研究目的有所不同,各部委和地方政府主要目的在于构建具备可操作性的政府评价体系,包括由全国人大财经委和国务院发展研究

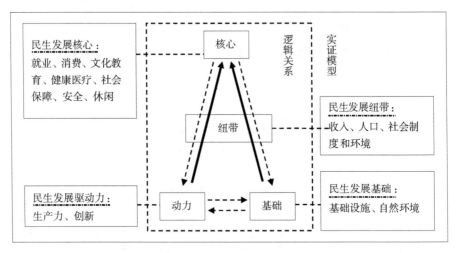

图2-7 民生与社会生产力互动发展系统结构图

中心牵头成立的中国民生指数课题组[1]、中国统计学会"地区发展与民生指数研究"课题组[2]、北京市统计局和国家统计局北京调查总队"民生统计研究课题组"[3]、IUD领导决策数据分析中心对民生指数进行的研究[4]，还有上海市[5]、广东省深圳市[6]等根据当地百姓最关心的民生问题开展了监测和评价工作。同时，高校课题组和科研人员从科学研究角度、根据研究对象特点构建出不同的民生指数，包括北京师范大学的"中国民生发展报告"课题组[7]、华中农业大学的湖北民生福利指标体系[8]、武汉大学的民生指数[9]、对外经贸大学

[1] 国务院发展研究中心课题组：《民生文本中国基本公共服务改善途径》，中国发展出版社2012年版。

[2] 中国统计学会"地区发展与民生指数研究"课题组：《2011年地区发展与民生指数（DLI）报告》，《调研世界》2013年第3期。

[3] 民生统计研究课题组：《北京市民生统计指标体系建设研究》，《数据》2010年第7期。

[4] IUD领导决策数据分析中心：《2011省级区域民生指标体系——京浙沪民生指数排名全国前三》，《领导决策信息》2011年第5期。

[5] 陈群民、吴也白：《2012年上海民生问题调查报告》，《上海经济研究》2013年第5期。

[6] 彭勇：《深圳首次公布民生净福利总指数》，《经济研究参考》2008年第1期。

[7] 北京师范大学管理学院：《中国民生发展报告2011》，北京师范大学出版社2011年版。

[8] 李志平、丁一：《湖北民生福利的演变趋势与政策启示》，《统计与决策》2013年第12期。

[9] 范如国、张宏娟：《民生指数评价的理论模型及实证》，《统计与决策》2013年第6期。

的纳入民生改善的特大城市发展指数①、烟台大学的乡村民生评量体系②等。

为了透彻分析已有民生指数,从比较评价结果入手来研究存在差异的原因。为使评价结果可比,选取四个有实证结果且是对我国 31 个省区市民生水平进行评价的研究进行比较③,以代表民生指数研究普遍存在的问题(如图2-8 所示,横轴取排名的平均数,代表实际民生水平,纵轴取各排名与平均排名的离差的平均数,反映不同民生指数评价结果的差异程度)。民生排名靠前的省份优势非常明显,包括北京、上海、天津、浙江等地区,排名靠后的省份包括西藏、甘肃、青海等。排名处在前后两极的省份在不同民生评价结果的差距很小,而处在中间水平的省市差距较大。这说明即使研究目标和研究对象相同,民生指数的评价结果也存在差异,且不同民生水平的地区其评价结果波动程度不尽相同。这些均需要从指数结构、具体指标选取、标准化和加权方法等方面寻找原因。

一、指数结构不同

已有民生指数采用不同结构反映了各研究者对民生问题的不同理解逻辑。比较有代表性的思路分别从民生维度和民生要素角度出发,且后者多是被组合成不同的民生要素集。前者如全国人大财经委的民生指数由民生水平指数、民生改进指数、民生主观指数三个独立指数构成,分别反映民生现状、工作改进情况和主观感受,各独立指数下分别包括居民生活、公共服务、社会环境和生态环境四个一级指标。从民生要素出发的主要包括北京市民生统计指标体系;北师大民生发展报告将民生发展指数分解为民生质量指数、公共服务指数、社会管理指数,各分项包括不同的民生要素;华中农业大学的湖北省民

---

① 王慧英:《纳入民生改善的我国特大城市发展指数研究——以北京为例》,《经济问题探索》2013 年第 1 期。

② 杨金龙:《中国乡村民生评量体系的设计与实证研究》,《中国科技论坛》2013 年第 8 期。

③ 4 种民生指数评价结果分别来自北京师范大学管理学院:《中国民生发展报告 2011》,北京师范大学出版社 2011 年版;范如国、张宏娟:《民生指数评价的理论模型及实证》,《统计与决策》2013 年第 6 期;IUD 领导决策数据分析中心:《2011 省级区域民生指标体系——京浙沪民生指数排名全国前三》,《领导决策信息》2011 年第 5 期;中国统计学会"地区发展与民生指数研究"课题组:《2011 年地区发展与民生指数(DLI)报告》,《调研世界》2013 年第 3 期。

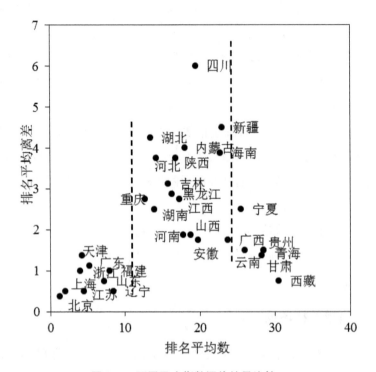

图2-8　不同民生指数评价结果比较

生福利测算指标体系将民生要素分为直接消费和间接消费两部分,前者指物质产品、精神产品和生态产品,后者考虑消费的物质环境和社会环境;民生生态系统评价指标体系从生态学的视角建立民生生态系统评价指标体系,分为社会、环境、民生和经济子系统。①

二、选取指标侧重点不同、主客观指标结合程度不同

各指数所包含具体指标存在较大差异。"就业是民生之本",以就业指标为例,各指标体系中包含的具体指标和比重各不相同。有的侧重于就业比重,有的侧重于职业介绍机构的作用,还有的侧重于失业保险的覆盖情况,就业比重又区分出城乡的不同情况;就业指标个数从0到4条不等,占指标总数比重

---

① 李志强:《基于生态学思维方式的民生指标体系构建及评价理论探析》,《江西财经大学学报》2010年第6期。

最小为 0%,最大 10.34%。产生差异主要是由于研究者对于哪些就业方面更能反映民生水平有不同的理解和认识,也有指标数据可得性受统计工作体系的约束,造成不同评价体系的评价得分之间存在差异,影响指标的可比性和应用性。

此外,已有民生指数更多的是采用客观指标,这一方法默认保障民生的硬件设施和客观条件更为重要,测量结果的准确性和可比性较好。也有一些民生指数中包括了部分主观指标,如全国人大财经委民生指数的主观指标体系选取了生活满意度、教育满意度、社会治安满意度和生态环境满意度等初级指标;上海民生问题调查报告考察居民对十大类、51 项具体民生问题的关注程度,分别筛选出关注率和关注强度最高的前十大民生问题等,是对民生主观满意度和关注度可测量化的有益探索,但会存在指数之间可比性、抽样方案科学性的问题。

三、标准化和权重方法不同

合理选择标准化和加权方法有助于提高民生评价结果准确性和科学性。已有民生指数选择了几种主要的标准化和加权方法。标准化方法主要有最大—最小值法和均值—标准差法。所选加权方法分为主观赋权法、客观赋权法和综合赋权法。主观赋权法主要有德尔菲法和层次分析法,是根据专家或研究人员的主观经验对各指标之间的重要程度进行比较,给出权重大小,如北师大民生发展指数就使用了德尔菲法。客观赋权法主要应用了因子分析法,如武汉大学的民生指数评价体系。综合赋权法是将主观赋权法和客观赋权法相结合,主要目的在于集专家的丰富经验和数据的统计特征之所长,代表文献如民生生态系统评价指标体系。

表 2-2　民生指数中就业指标情况

指标体系	指　　标	占比
民生质量评价指标体系研究	城镇就业增长率,城镇登记失业率,职业介绍成功率	10.34%
北师大民生发展指数	城镇登记失业率,失业保险覆盖率,本年末职业介绍机构人数占年末总人口比重,本年末职业指导人数占年末总人口比重	6.45%

指标体系	指　标	占比
北京市民生统计指标体系	城镇登记失业率,城镇登记失业人员就业率,农村劳动力转移就业人数,失业人员技能培训人数	4.76%
中国乡村民生评量体系	非农劳动力占社会就业比重,外出务工人员比重	4.76%
民生生态系统评价指标体系	就业率,调查失业率,失业保险覆盖率	3.45%
全国人大财经委民生指数	劳动参与率	2.08%
湖北民生福利测算指标体系	—	0
武汉大学的民生指数	—	0

四、民生指数研究存在的问题

如前文所述,让生产力与民生发展形成内在协调的优化动态机制是解决经济社会突出矛盾,形成中国特色社会主义市场新模式的重要途径,这需要反映在民生研究中。已有民生研究存在的最主要问题正是将民生核心要素作为发展绝缘体,割裂了民生核心要素之间以及与其他有关要素的关系,不能如实反映民生发展与所需动力来源、条件基础和能量转化机制之间的现实互动关系,尤其不能突出民生与生产力的双引擎驱动模式对推动经济社会持续健康发展的重要现实意义。前文提出的民生发展的概念就是为了体现民生的这些重要特征。

同样,民生指数指标选取存在差异不仅是由于数据可得性,还可能是因为对民生发展系统的认识不够,并且虽然对经济社会要素的覆盖很广,但其设计缺乏客观系统对象目标和内生动态机制理论科学基础。现代信息社会发展的重要趋势之一是建设与生产力相适应的系统数据信息工具的软基础设施,无论从引擎经济社会发展的驱动作用,还是作为建立政府与民众、民众与市场、市场与企业、企业市场与政府的大系统有效机制和科学决策关系的重要手段工具,民生发展指数都是一项重要的信息数据工程。为了突出民生发展指数的本质和特殊性,指数结构应取决于系统运行机制、科学设计民生发展指数各准则层及其相互关系。

同时,已有民生指数采用不同的标准化和加权方法,这些方法都有利有弊。标准化在于使各指标之间可比,避免极端值的不良影响,应对样本数据分布情况进行研究,再据此选择标准化方法。加权系数代表了不同要素对民生发展的重要性,而加权方法是进行判断的手段。无论是从专家经验判断,还是从数据情况出发,或者等权都代表了研究者对民生各部分关系的认识和判断,都是试图对真实情况的逼近,其判断标准取决于评价结果与现实相符合以及评价结果波动幅度小等方面。

目前,民生数据的获得还依赖于政府统计数据或调查数据,而未来民生研究与大数据时代将形成互动发展。首先,对民生发展指数、民生问题的研究形成发展大数据方法的强力需求,促进大数据方法的不断优化。其次,大数据时代在数据搜集、分析精度以及定制政策等方面的改变会对民生发展研究产生深刻影响。大数据时代,政府部门和企业掌握规模庞大的民生数据,为民生研究由宏观转到微观层面提供了必要的数据保障。有效关联、统一管理并研究来自不同部门的数据,有利于得到民生变量关系及驱动效应的更精确分析。对不同特征样本进行分类研究,能够对推进细分政策、提高政策实施效率和效果提供更好的理论支持。

第 三 章

民生发展国际竞争力研究

本章是全书的关键章节,起到承上启下的作用。对于"承上"作用,前文由研究综述得到的对民生研究的认识、对解决现有研究问题的思考、整理出的研究思路都由本章开始融入论文主体部分。对于"启下"作用,本章提出的民生与生产力双引擎驱动理论将成为本研究的思想基础,其合理性由第四、第五章内容加以实证证明;从经济社会统计学角度归纳和总结现有民生统计的现状和特点,提出民生发展竞争力统计测度体系,为第六章至第八章提供了"三维一体"的研究结构;对59个国家或地区的民生发展国际竞争力分布格局和发展趋势进行分析,为后面章节的研究提供必要数据基础。

本章共分为4节内容,首先提出民生与生产力双引擎驱动理论;其次,从经济社会统计学角度评析民生统计现状,得出对民生统计数据特征的认识,建立民生统计变量体系;最后,建立民生发展国际竞争力变量体系,对世界民生发展格局和发展趋势进行测度与分析,通过对比得出我国民生发展竞争力的水平、结构和发展趋势特征;最后是对本部分研究内容的小结。

第一节 民生与生产力双引擎驱动理论

本书在第二章归纳总结出民生发展的概念,其内涵是民众的生存和生活状态,以及发展机会、发展能力和权益保护的状况。如果对民生发展的内涵再进行细分,民生发展有两个层面:首先,民生发展的基本层面是人们的生存和生活,使人自身得以存在和延续,比如人们要衣食住行,要获得医疗保健服务,这是整个人类社会得以存在、发展的前提;第二个层面是人们寻求个人发展和保障自身权益,通过就业参与价值创造,通过消费享受生产成果,以社会保险形式参与社会再分配,通过设置军队警察等维护社会秩序、提供安全保障,为了传承社会文化、提高社会成员知识水平而发展教育,为了调剂工作压力、进行社会交往而参与休闲活动。这些社会活动的前提是参与社会分工,结果是产生了复杂多样的社会关系。研究民生与生产力的发展关系,民生发展的基本层面是重要部分,而从人们探索自身精神世界、寻求个人发展角度来探讨与生产力的相互推动、协同发展,对我国在新常态条件下发掘经济发展新动力、优化产业结构具有更重要的意义。

我们提出民生与(物质)生产力双引擎驱动,核心是强调民生力和物质生产力是生产力发展的两种源泉。我们从产业分类角度来看生产力发展的力量源泉。首先,关于生产力,马克思认为劳动在本质上"是人和自然之间的关系,是人以自身的活动来中介、调整和控制人和自然之间的物质变换的过程",生产力是人在物质生产过程中形成的一种生产的力量,是一种物质结果和物质力量,体现"人与自然之间的物质技术关系"①。廖之煌认为这个说法把生产力只限于人的生产活动,而不包括人们的交往活动,因此是不全面的②;张道民指出,马克思主义所说的大生产力概念是物质生产力、精神生产力和人生产力的总和③。马克思按照产品的用途将物质生产业分为生产资料和消费资料两大部类,新西兰经济学家费歇尔按人类经济活动产生的顺序提出三次产业的分类方法。我们认为想要深入研究产业发展的本质,应该依据产业形成及发展的驱动力来划分类别。人类在认识矛盾、解决矛盾过程中不断进步,而人类社会发展的主要矛盾体现在人与自然、人与人、人与自身的关系之中。相对应的,产业就分为主要解决人与自然关系的物质生产部门,以及主要解决人与人、人与自身关系的民生部门两部分。其中,物质生产部门的发展源于技术进步带来的不断提高创造劳动工具、改造劳动对象的能力,不断提

---

① 卡尔·马克思:《资本论》第一卷,人民出版社 2008 年版,第 207—208 页。
② 廖之煌:《试论作为哲学范畴的交往》,《玉林师专学报》1989 年第 1 期。
③ 张道民:《论大生产力》,《科学技术与辩证法》1991 年第 3 期。

高劳动效率。民生部门的发展是由人满足生活与精神文化需求、发展社会关系的需要所驱动的（比如人类为了交流而创造语言），现代科学发展为其物质实现提供必要基础。民生部门的发展更多的体现在对体现新文化的服务业发展的需求，新的动力促使新的服务业不断涌现，不断产生消费性服务业新兴业态，从而推动生产力发展，这种民生发展推动生产力发展的力量可以称之为民生力。之所以单独提出民生力，是为了突出民生发展所具有的独立的创造作用。

从物质生产力和民生力的关系来看，由于生产力发展重点经历了由第一产业到第二产业，再到第三产业的发展规律，因此物质生产力的产生早于民生力，目前的发展结构更为完善，但未来发展只有两者实现相互推动、协同发展，才能实现整个生产力的蓬勃发展。比如随着互联网的不断发展，人们为了交往、更多的参与社会，创造了越来越多的互联网交流工具和平台，比如微博、微信的广泛应用。我国目前的经济发展重点仍在物质生产力方面，而对发展文化精神和社会关系的民生力尚未提高认识，经济发展结构不平衡。为了挖掘出经济的内生发展潜能，优化产业结构，应该推动民生与生产力双引擎驱动发展。

第二节　民生的统计解析

从统计角度来看民生问题，民生外延涉及就业、消费、教育、医疗、社会保障、安全和休闲领域，对民生发展情况的统计主要包含在社会人口统计工作之中。从统计学的产生和发展来看，纳普（G.F.Knape）最早提出社会统计学的说法，列宁于 1910 年在其著作中首先提出社会经济统计这一说法。我国的社会统计学更偏重于研究社会生产，这主要是因为我国的这一学科体系更多的参考了斯特鲁米林的《统计学原理》，对社会生活方面的研究滞后于社会生产问题。[①]

总体来说，我国的经济社会统计体系仍然是经济统计的发展好于社会统

---

① 参见李静萍、高敏雪：《经济社会统计》，中国人民大学出版社 2015 年版。

计。我国经济统计以国民经济核算体系为核心,把投入产出表、资金流量表、资产负债表、资金流量表和国际收支平衡表有机结合起来,涵盖了经济活动中生产、分配、消费、投融资和国际经济往来的几乎所有环节,能系统反映整个国民经济各个环节的规模、速度、比例、效益,为政府部门与生产企业更好把握经济运行态势并做出发展决策提供有力的统计数据支持。相比之下,我国社会统计工作比较分散,涉及民生发展的人口统计、住户统计、社会保障统计等分别由不同政府部门不同调查项目获得,对安全和休闲的统计尚无指定部门负责且变量体系零散、不完整,远远没有形成如 SNA 一般成系统的统计工作体系。分散的社会统计体系无法全面准确刻画整个社会的运行状况,更无法有效支撑政府部门的管理决策。

实际上,民生发展统计可以作为经济统计和社会统计相互结合的一个纽带。在国民经济行业分类标准中,满足民生发展需求直接对应着国民经济行业 96 个大类中的 48 个大类行业的生产(如图 3-1,图中对部分生产工艺及产品性质相近的大类行业进行了合并),这些行业的生产活动又需要其他行业为其提供原料、设备和服务。而相对于 SNA 核算价值创造过程,社会统计反映的是人民参与社会分工和享受生产成果的情况,以及由此提高自身生活和发展水平的实现效果。只有从社会生产过程和民生发展效果两方面共同衡量才能全面测度民生发展。

民生发展国际竞争力研究是民生发展竞争力研究中的重要部分,想要建立民生发展国际竞争力统计变量体系,就必须首先弄清民生发展竞争力的相关问题,再准确定位民生发展国际竞争力在其中的位置、辨析其与整体及其他部分的关系。

一、从经济社会统计学角度看民生发展

民生发展的外延是经济社会大系统的要素,最核心的要素包括就业、消费、文化教育、健康医疗、社会保障、安全和休闲等方面,从社会专题统计角度分别分析民生核心要素如下:

(一)对就业水平的统计研究属于人力资源统计,是人口统计的组成部分,依据人力资源的特点,就业统计同时具有量与质结合、生物性和社会性结

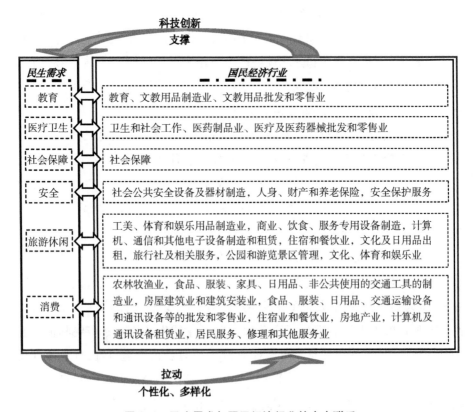

图3-1 民生需求与国民经济行业的内在联系

合、能动性、可再生性等特点，因此，评价就业要素主要从数量、质量、变化趋势、利用程度和利用效率方面进行考虑。但就业统计并不完全等同于人力资源统计，人力资源统计中关于劳动力年龄构成、劳动力城乡构成等由于没有有益于改善民生的明确判断而不能作为民生发展竞争力的统计变量。就业统计变量来自于人口普查和人社系统的统计工作。

（二）对居民消费的统计属于住户统计的组成部分，统计的是住户所有成员共同的以及其成员为满足自身生活需要而使用的物品和服务，以居民个人消费为对象而不包括公共消费，消费时间以获得物品或服务的时点为准，主要统计特定时期的消费数量、消费倾向和消费结构，我国居民消费的数据主要来自统计局的年度报表和中国居民住户调查，后者分城镇和农村两部分进行。

（三）文化教育和健康医疗不仅反映人力资本的质量，更能反映国民的生活和发展能力。对文化教育的统计可以从政府提供教育公共服务、居民个人教育消费、居民接受教育水平以及作为接受教育结果的人口文化水平等层面进行,包括对教育机构数、教职工人数、教育活动支出、学生人数、教育普及程度、受教育公平性等方面。教育系统的统计工作以及统计局每十年一次的全国人口普查可以获得我国文化教育水平数据。

(四)从经济社会发展角度,健康状况不仅与医学诊疗活动有关,还会涉及营养、卫生、保健、工作环境等更加广泛的方面,对健康的评价因此具有更综合的意义。从提供卫生服务角度进行评价,应包括对卫生设施、卫生服务人员、卫生保健活动支出、卫生保健活动效果的统计;从居民作为承载者所达到的综合健康水平角度进行评价,应包括疾病预防指标和健康状况指标;从产出角度评价健康保健活动,可以依次从当期实施完成了多少卫生保健活动、这些活动的直接结果以及人类健康水平得到提高等层面进行研究。健康医疗统计变量来自统计局的年度报表和卫生系统的统计工作。

(五)社会保障由社会保险、社会福利、社会救助和社会优抚组成,是再分配过程的一部分,在民生问题中它作为由政府为主体组织的公共事业活动的性质最为突出。社会保险是针对劳动者建立的社会保障制度,通过国家立法强制执行,目前官方统计主要从社保参保人群的增长率指标以及各类保险基金的收入、支出与滚存积累方面。社会福利、社会救助和社会优抚也是由政府和其他公共部门实施的公共事业活动,但居民获得此类生活保障并不以先期缴付为前提,主要统计应获得保障的人数及实际享受人数、服务机构数、费用支出等方面。社会保障变量主要来自于人社系统和财政系统的统计工作。

(六)对安全的统计并不像前五个方面那样成熟,主要原因是对安全的解析是多方面的,主要包括国家公共事业领域的国防安全和外交安全,日常生产生活中的生产安全、衣食住行的安全和财产安全,信息化社会下的信息安全等等。对不同方面安全的统计角度不同,如对国防安全的统计主要从财政支出角度,对个人人身安全、财产安全等方面的统计主要从治安事件发生频率、由此产生的人员伤亡和财产损失情况,还有对外交安全、信息安全等的评价要依靠主观评价,利用抽样调查所得数据进行综合测度。

(七)对休闲问题的研究可以从居民生活时间分配、休闲场所数量和服务水平、居民休闲消费支出等层面展开。其中居民生活时间分配统计主要从从事不同活动的世界类别分别统计时间总量，以及特定人群在特定时间段内每人从事某类活动的平均时间等方面。从目前可得的官方统计数据来看，只有居民生活时间分配、文化娱乐场馆、体育场馆等休闲活动场馆数量和接待人次有所统计，而各休闲项目的消费支出数据很难得到。

二、从经济社会统计学角度看民生发展竞争力的主要特征

通过总结以上对民生统计工作现状的分析可以得出进行民生竞争力研究的认识：

（一）民生竞争力研究是社会经济统计的组成部分，因此同社会经济统计一样，民生竞争力研究建立在统计方法论基础和经济社会管理理论基础之上。统计学针对具体的民生现象设计出具体的统计指标，并决定采用何种统计尺度进行测度，进而选用适当的统计分析方法进行统计分析。另一方面，对民生发展进行统计描述和分析，前提是对民生发展系统及发展过程的理论认识和对其具体管理操作过程的把握，经济学、社会学、管理学等学科提供了民生发展运行的机理、模式和流程解释。

（二）民生发展竞争力的统计对象包括住户、企业和政府，不同统计对象影响民生发展的机制不同，需要针对不同对象划分层面。其中民生发展以人为主体，部分民生统计还以住户为统计单位，因此住户参与民生活动、获得民生服务、实现民生发展的水平是民生发展竞争力的重要对象。企业主要职能是汇集各种生产要素进行经济生产、提供产品并分配所创造价值，对民生发展的作用主要体现在生产力对民生的驱动作用，其统计变量基本不纳入民生核心要素维度。保障就业、提高民众教育和医疗水平、提供充分的社会保障和安全都是政府公共服务的组成部分[①]，政府为了履行职责需要进行财政支出，提

---

① 世界银行 1997 年《世界发展报告》根据职能将政府分为小职能、中型职能、积极职能三种，其中中型政府的职能包括解决外部效应、规范垄断企业和克服信息不完整、提供社会保险。我国目前正处于建设中型职能政府的过程中（郑红娥、刘健：《从制度能力与职能范围看新中国成立以来国家与社会关系的演变》，《云梦学刊》2010 年第 7 期；周利华、李晓宁：《转变政府经济职能　完善政府规制体制》，《四川行政学院学报》2005 年第 6 期），本文根据这一判断分析政府公共支出去向及使用情况。

供资金支持和服务,比如政府举办的就业培训和职业介绍机构,财政对教育、医疗、社会保障和国防的支出等,即使是消费要素,政府也要提供必要的消费基础设施和场所、组织社会再分配。因此政府对民生发展的支持是民生发展的资金来源和保障,应该作为民生发展研究不可或缺的维度。

(三)将民生发展作为一个生产过程来看,民生发展有其特定的投入和产出。例如,对健康医疗的投入包括国家公共健康支出、企业为职工支付的健康医疗费用、居民个人健康消费,产出可以从当期实施完成了多少卫生保健活动、这些活动的直接结果以及人类健康水平得到提高等不同层面加以递进,对民生发展的评价需要兼顾投入和产出两个方面。与此同时还要考虑民生发展的效率(即投入产出之比)以及公平性(即地区之间、不同特征群体之间实现民生发展程度的差异)。

(四)对民生发展不同方面进行统计测度可使用定量变量、定类变量和定性变量,其中尤以定量变量更为常用。定量变量在形式上包括总量指标、相对指标和平均指标,总量指标主要测量民生要素总体规模数量,相对指标测量民生要素总体的结构、变化程度、不同总体的差异和对比关系,平均指标反映民生要素达到的一般水平。构建民生发展竞争力统计变量体系需要较好的结合三种定量指标进行测度。另一方面,由于本书所拟建立的民生发展竞争力统计变量体系是对不同年度的水平和发展趋势进行测度,因此变量体系中还会结合使用流量数据与存量数据。

(五)构建民生发展竞争力统计变量体系的统计数据主要来源于政府统计数据,包括普查、统计报表和抽样调查。由于我国统计体系的组织结构是基于中央的集中领导以及各级政府机构的职能而建立,国家统计局负责决定统计优先项目、标准、方法及具体部署,同时包括财政部、中国人民银行和其他专业部委在内的中央一级的职能部门针对各自职能进行统计。因此,民生发展竞争力评价指标也来自于统计局和中央一级的职能部门,如统计局组织的人口普查可以得到就业、教育、健康等方面的统计数据,中国居民住户调查可以得到消费数据,社会保障和国防支出等数据来自于财政部,人身财产安全等数据来自于公安部门,休闲指标部分来自于中国人的时间分配调查、休闲产业的统计报表数据和经济普查数据等。与国民经济核算体系相比较,民生统计工作比较分散,民生数据来源于不同的政府部门和统计项目,这也反映出目前我国对社会统计的关注和整合程度较低。为了提高民生统计的使用效率及对科学反映社会管理成果、为优化管理提供数据基础的能力,未来首先要逐步完善各部委所管辖民生要素的统计变量结构框架,提高统计变量结构的科学性并能根据经济社会发展不断衍生并优化结构;其次,提高统计局对民生统计工作的设计和技术指导水平,加强涉及民生统计的各部委的统计部门的沟通交流,对不同民生要素的统计变量结构能够互相借鉴、取长补短,实现不同民生要素统计工作的协同发展;第三,如果未来我国民生发展在经济社会发展中占据了非常重要的位置,可以考虑由统计局或人社部等部委独立完成对民生统计变量的数据搜集工作。

三、从经济社会统计学角度总结民生发展竞争力统计变量

经济社会统计变量旨在描述和评价特定对象在特定时期的民生发展,但由上文可知,现有变量的搜集工作来自于不同的政府部门和数据调查项目,统计变量比较分散且结构性较差、理论意义不明确。我们根据上文的分析,从发展水平与结构、效率、均等化三个统计层次,再根据经济学理论将发展水平与结构分为投入和产出两个方面,对民生发展竞争力统计变量进行归纳与结构化。民生发展竞争力统计变量中的大多数投入和产出变量在已有统计工作中可以得到,而现有反映民生发展效率和民生发展均等化的变量较少,不能实现民生统计对经济社会管理的数据支持作用,因此大多根据已有变量进行简单计算(比如用居民消费支出增加额除以居民可支配收入增加额得到居民边际消费倾向)或需要细分当前统计变量搜集工作(比如,将男性失业率和女性失业率分别统计再将二者相减得到男女失业率之差)。民生统计来源于当前的经济社会统计,但又不完全包括人力资源统计、住户调查、人口普查的全部内容,是从中提取出对民生发展有较强描述和刻画能力的那部分变量,并要根据分析和社会管理需要对部分变量进行简单运算或改变汇总方法生成新的变量。本文对民生竞争力统计变量的整理与设计如下表所示。

表 3-1　民生竞争力统计变量整理与设计

民生要素	统计维度	统计变量
就业	投入	劳动参与率,职业介绍机构数及服务人员数,财政就业支出额
	产出	失业率,失业率变化率,职业介绍受益人数,工作时长,退休制执行情况,预期工资与实际工资之差
	效率	职业介绍收益人数与职业介绍机构服务支出之比,职业介绍收益人数与职业介绍机构服务人员数之比,就业率与财政就业支出之比
	均等化	男女失业率之差,不同地区间失业率差距,城乡失业率差距
消费	投入	储蓄率,人均可支配收入,人均社会保障支出,居民消费价格指数
	产出	居民最终消费支出总额,家庭消费支出占 GDP 比例,居民最终消费支出实际变化率,恩格尔系数,居民文化消费比重
	效率	居民边际消费倾向,居民平均消费倾向
	均等化	恩格尔系数地区差,居民边际消费倾向地区差,人均居民最终消费支出地区差,恩格尔系数城乡差,居民边际消费倾向城乡差,人均居民最终消费支出城乡差
文化教育	投入	各级教育师生比,各级教育机构数及教职工人数,公共教育支出占 GDP 比重,居民人均教育支出,人均公共教育支出,雇员培训人数
	产出	成人识字率,平均受教育年限,中学入学率,高等学历人口比例,科学教育水平,各级学校学生数
	效率	平均受教育年限与人均教育支出之比,各级学校教育水平与公共教育支出之比,各级学校教育水平与教职工人数之比
	均等化	教育普及率,小学入学率男女比例差,成人文盲率男女比例差,成人文盲率地区差,不同地区高考录取率
健康医疗	投入	居民人均医疗支出,医院和卫生院床位数,每位医护人员服务病人数,人均健康公共支出,社区卫生服务机构工作人员平均学历,儿童免疫率,健康公共支出占健康总支出比重
	产出	成人死亡率,婴儿死亡率,出生时预期寿命,主要传染病发病率,老年人患病情况,老年人生活自理情况,诊疗人次数,入院治疗人数
	效率	出生时预期寿命与人均健康公共支出之比,健康生活与其年龄与人均健康支出之比,出生时预期寿命与千人拥有医护人员数量之比
	均等化	地区间人均床位数之差,地区间千人拥有医护人员数量之差,地区间出生时预期寿命之差,地区间婴儿死亡率之差,城乡间人均床位数之差,城乡间千人拥有医护人员数量之差,城乡间出生时预期寿命之差,城乡间婴儿死亡率之差

续表

民生要素	统计维度	统计变量
社会保险	投入	社会保险机构数和服务人员数,社会保险投保人数,财政社保补贴总额,人均社会保险基金额
	产出	享受社会保险人数比重,人均社会保险费用
	效率	人均养老金与人均收入比值,社会保险报销率,社会保险收支比
	均等化	地区间社会保险覆盖率差距,城乡间社会保险覆盖率差距,地区间人均养老金与人均收入比值之差距,城乡间人均养老金与人均收入比较之差距
安全	投入	公共安全支出,国防支出,水利工程建设投资,政府监管部门支出
	产出	生产、交通、火灾、刑事治安、食品药品中毒的事故频率,生产、交通、火灾、刑事治安、食品药品中毒的事故平均经济损失,国防安全与外交安全
	效率	事故经济损失与政府监管部门支出之比,事故频率与公共安全支出之比,粮食产量与水利工程投资额之比,国防安全与国防支出之比
	均等化	区域间公共安全支出之差距,区域间安全事故频率之差距,区域间事故经济损失与政府监管部门支出比值之差距,城乡间安全事故频率之差距,城乡间事故经济损失与政府监管部门支出比值之差距
休闲	投入	人均休闲设施拥有量,闲暇耐用消费品拥有量,限下交通工具拥有量,用于旅游、餐饮购物、文化娱乐、体育健身的时间
	产出	文化娱乐、体育健身、旅游、餐饮购物的支出,文化娱乐场馆、体育健身场馆、餐饮及购物行业接待人数,文化娱乐场馆、体育健身场馆、餐饮及购物行业盈利情况
	效率	文化娱乐、体育健身、旅游、餐饮购物场馆接待人数与场馆数之比,文化娱乐、体育健身、旅游、餐饮购物场馆接待收入与场馆数之比
	均等化	地区间人均拥有文化娱乐、体育健身、旅游、餐饮购物场馆数之差距,地区间人均文化娱乐、体育健身、旅游、餐饮购物支出之差距,城乡间人均拥有文化娱乐、体育健身、旅游、餐饮购物场馆数之差距,城乡间人均文化娱乐、体育健身、旅游、餐饮购物支出之差距

第三节　民生发展国际竞争力统计变量体系构建与测度

一、民生发展国际竞争力及统计变量体系

国际竞争力是指"在世界经济的大环境下,相对于其他国家,一个国家创

造增加值和国民财富持续增长的能力"。将竞争力理论引入民生研究,我们认为民生发展国际竞争力是指在世界经济与社会发展的大环境下,相对于其他国家,一个国家发展生产力和创新能力、建设基础设施和保护自然生态环境、优化人口素质、收入结构和社会制度环境,以实现保障和改善民生的能力。

从研究对象的层次范围来看,进行民生发展国际竞争力测度的对象高于省市、区县等层次。因此,民生发展国际竞争力评价不仅有所有评价层次的共性,也有与针对省市、区县等其他层次评价相区别之处。对于共性,民生发展竞争力的研究目标都是评价民生发展水平,都是对民众的生存和生活状态,以及发展机会、发展能力和权益保护状况的研究,民生维度都包括就业、消费、文化教育、医疗保健、社会保障、安全、休闲等维度。而对于特性,国内的民生竞争力研究更多的是为国家经济社会管理提供科学依据和优化建议,而在国际竞争力研究层面,不同国家经济社会的发展模式和发展阶段各不相同,因此民生发展模式、民生与经济社会要素之间的互动发展机制不相同,民生发展国际竞争力研究应站在更加宏观的角度,要区分出在民生与社会经济系统互动发展条件下各国民生发展模式和阶段的不同,即综合考虑民生核心要素及其驱动力、支撑力和纽带力的发展水平和发展关系;其次,由于各国统计制度的差异,民生发展国际竞争力评价指标的筛选会受到数据可得性的更多的影响,但也可以认为共有指标都是各国认为比较重要的指标,具有更强的代表性。

依据前文所述,民生发展与社会生产力形成互动系统需要以民生与生产力双引擎驱动模式为核心,以基础环境建设为双引擎驱动提供系统基础支撑条件,以社会人口为其系统运行的现实条件和力量传导媒介。评估民生发展与社会生产力互动系统运行状态需要依据系统运行的内在逻辑和事实状况进行测度。民生发展系统涵盖多要素多维度,对其进行全面、完整的测度则更适合采用综合指标体系测度方法,应涵盖民生发展、生产力和创新、基础设施和环境、社会及人口条件四个子系统。其中民生发展子系统代表就业、消费、文化教育、健康医疗、社会保障、休闲和社会安全的全面水平,并与生产力和创新子系统一起共同衡量民生与生产力双引擎驱动模式发展程度,基础设施和环境子系统用来度量基础环境建设以及自然生态环境作为民生发展必不可少的人工和自然环境条件,其对民生发展的支撑作用,社会及人口环境子系统代表收入、人口再生产和社会制度的发展情况，用来测度社会人口因素对双驱动发展的支持和沟通传导作用。

为了进行民生发展系统的国际比较研究，我们利用瑞士洛桑国际管理学院（IMD）年鉴指标构建民生发展国际竞争力指标体系，力求做到严格遵照民生发展与社会生产力互动系统的测度要求，尽量将反映民生发展系统各部分最具代表性的指标合理地纳入指标体系并进行有机组合。民生发展国际竞争力指数包括民生发展核心、民生发展驱动力、民生发展基础和民生发展纽带四个子系统，各子系统分为若干主准则层、次准则层和指标，整个指标体系共147项指标（其中包括57项软指标）。民生发展国际竞争力变量体系结构见图3-2。

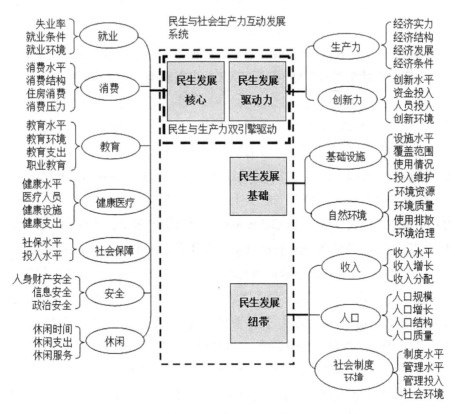

图3-2　民生发展国际竞争力变量体系结构图

　　根据张尧庭和张晓朴[1]、何强[2]、伍业锋[3]等人的研究,当指标之间的相关程度较高时,各种不同的加权方法实际上没有什么区别,普通的算术平均就能达到较好的效果。通过计算不同民生发展要素之间、同一要素下不同准则之间,以及同一准则下不同指标之间的相关系数,可以看到民生发展国际竞争力不同层次主体得分之间,大部分的相关系数值证实有相关性,因此适用于采用算术平均法进行加权的综合指标体系测度法。对指标数据进行综合指数计算,首先进行标准化处理,计算出原始数据标准化后的正态分布函数值,这种方法考虑了数据的分布情况以避免极端值的不良影响。标准化所使用的均值和方差是该指标 1996—2014 年 59 个国家和地区整体的均值和方差,使每个指标值在横向和纵向都具有可比性。具体计算方法如公式 3-1,其中 r 代表标准化后求正态分布函数值的结果,x 代表某指标,s 代表国家,t 代表时间,$\bar{x}$ 代表平均值,S 是标准差。逆向指标计算公式如公式 3-2 所示。

$$r_{st} = 100 \times \Phi\left(\frac{x_{st} - \bar{x}}{S}\right) \tag{3-1}$$

$$r_{st} = 100 - 100 \times \Phi\left(\frac{x_{st} - \bar{x}}{S}\right) \tag{3-2}$$

　　通过等权汇总依次计算次准则层指数、主准则层指数和综合评价指数,避免人为定权产生的主观偏差,强调多维对称设计下各指标独立存在的重要性和与主题的关联性,具体计算方法如公式 3-3 所示。其中,i 代表 4 个层次中比 j 高一阶的层次,n_i 代表 i 层中 j 要素的个数,其他同式 3-1。

$$r_{ist} = \sum_{j=1}^{n_i} r_{ijst} \tag{3-3}$$

二、民生发展国际竞争力格局分析

（一）民生发展国际竞争力整体格局

根据民生发展国际竞争力指标体系,计算 1996—2014 年 59 个国家和地

①　张尧庭、张晓朴:《综合评价的历史和一些结论》,《统计研究》1995 年第 4 期。
②　何强:《统计信息化与信息化统计》,《中国统计》2011 年第 9 期。
③　伍业锋:《中国海洋经济区域竞争力测度指标体系研究》,《统计研究》2014 年第 11 期。

区的民生发展国际竞争力水平及变化趋势，如表 3-2 所示。总的来看，欧美和亚洲发达国家民生发展竞争力更强，发展中国家竞争力水平较低。2014年，民生发展国际竞争力排名前 5 位的依次为丹麦、瑞士、瑞典、芬兰、荷兰，均为欧洲国家；委内瑞拉、阿根廷、巴西、菲律宾和印度排名后 5 位。绝大部分国家民生发展国际竞争力指数得分逐年提高，增长速度较快的国家有阿联酋、哈萨克斯坦、波兰、立陶宛等；相反，保加利亚和乌克兰等国的民生水平出现了较为明显的下滑。

（二）民生发展国际竞争力世界发展趋势

为分析民生发展国际竞争力发展格局，对 1996—2014 年各国民生发展国际竞争力发展水平及速度进行聚类，结果及各组均值如图 3-3 所示。分组结果地域性明显，各组发展水平区分度较好。其中第一组国家的民生发展国际竞争力最强，包括北欧和中欧国家，以及加拿大和新加坡，这些国家发展中更注重福利制度创新建设，在高经济发展水平和完善社会制度的支持下，社会发展各方面更加成熟。第二组国家民生发展核心竞争力稍低于第一组，但社会生产力发展水平较高，资本主义最先发展起来的英法等国、亚洲的中国香港和日本，以及澳大利亚、新西兰和美国等处于这一阶段。第三、四组国家经济和社会发展水平低于前两组，包括东欧国家和部分亚洲国家，如捷克、匈牙利、中国台湾、韩国和约旦。发展中国家多处于后三组，经济和社会发展水平不高，部分国家能够借全球化努力发展经济的同时也逐渐解决社会发展问题，也有部分国家陷于改革失效的漩涡不能自拔，经济社会事业发展缓慢，甚至出现倒退。其中，中国和俄罗斯、泰国、波兰等国同在第五组，属于后三组中较好水平，发展速度稍快于第一、二组。大部分拉丁美洲和非洲国家、部分亚洲国家分布于第七组，民生发展国际竞争力低，包括巴西、南非、印度等。比较特殊的是由保加利亚和乌克兰组成的第六组，民生发展竞争力经历了较长的下滑期，近两年出现反弹趋势。

表 3-2　民生发展国际竞争力测度结果及排名

地理区域	国家	1996得分	2014得分	2014排名	国家	1996得分	2014得分	2014排名	国家	1996得分	2014得分	2014排名
大洋洲	澳大利亚	60.1	64.6	16	新西兰	62.5	63.9	18				
非洲	南非	37.6	33.9	51								
美洲	加拿大	66.4	70.6	9	墨西哥	26.3	32.3	52	巴西	36.0	30.2	57
	美国	59.4	64.4	17	秘鲁	24.9	31.7	53	阿根廷	33.2	28.0	58
	智利	43.0	45.7	36	哥伦比亚	29.3	31.4	54	委内瑞拉	26.9	23.0	59
欧洲	丹麦	70.9	79.0	1	奥地利	64.6	66.8	14	匈牙利	45.1	47.7	35
	瑞士	66.4	76.7	2	法国	58.8	62.0	20	意大利	38.2	45.4	37
	瑞典	67.7	76.2	3	爱沙尼亚	52.7	60.7	21	希腊	40.5	43.7	38
	芬兰	68.5	74.5	4	比利时	59.9	59.7	25	斯洛伐克	42.8	43.7	39
	荷兰	67.3	73.2	5	西班牙	48.1	53.0	28	俄罗斯	32.2	38.6	45
	爱尔兰	60.6	71.9	6	捷克	42.2	52.8	29	乌克兰	43.2	38.5	46
	挪威	66.5	71.6	7	葡萄牙	47.3	51.9	31	罗马尼亚	34.4	37.9	47
	德国	62.3	71.2	8	立陶宛	42.7	50.3	32	克罗地亚	33.1	36.0	48
	卢森堡	68.1	69.1	11	波兰	33.2	48.9	33	印度尼西亚	26.3	35.9	49
	英国	57.1	67.3	13	斯洛文尼亚	36.8	47.7	34	保加利亚	43.5	35.4	50
亚洲	新加坡	62.3	69.6	10	中国台湾	47.5	57.0	26	土耳其	35.3	41.7	43
	日本	53.7	66.2	15	卡塔尔	43.8	54.6	27	泰国	32.9	39.4	44
	以色列	59.0	62.0	19	韩国	39.6	52.0	30	印度	28.6	30.9	55
	中国香港	53.9	60.4	22	哈萨克斯坦	26.5	43.6	40	菲律宾	31.0	30.5	56
	马来西亚	46.5	60.2	23	约旦	44.3	42.4	41				
	阿联酋	30.8	59.8	24	中国	33.3	42.3	42				

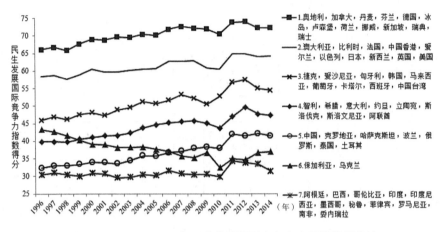

图 3-3 1996—2014 年民生发展国际竞争力水平及发展趋势

（三）民生发展国际竞争力各子系统发展格局

各个国家民生发展竞争力各子系统之间并不是同等发展的,民生发展系统结构的不同反映出各国民生发展模式的不同,以及经济社会发展模式的差异。2014 年各个国家或地区的民生发展国际竞争力子系统得分如下表所示。

表 3-3 2014 年民生发展国际竞争力各子系统得分

区域	国家	核心力	驱动力	基础力	纽带力	国家	核心力	驱动力	基础力	纽带力
大洋洲	澳大利亚	66.5	60.5	64.6	64.1	新西兰	64.3	52.0	62.6	73.6
非洲	南非	33.9	27.8	34.9	36.6					
美洲	加拿大	67.6	66.8	69.1	75.1	哥伦比亚	31.9	27.1	39.0	18.5
	美国	59.0	70.8	67.6	59.0	巴西	35.7	21.8	32.8	25.9
	智利	35.4	36.9	50.4	47.9	阿根廷	37.5	21.5	32.1	21.3
	墨西哥	27.0	27.1	38.6	30.6	委内瑞拉	21.9	22.7	27.4	10.6
	秘鲁	34.9	23.7	36.7	28.0					
欧洲	丹麦	73.3	74.5	77.1	84.2	捷克	43.3	55.3	63.2	39.8
	瑞士	65.9	79.4	77.1	76.6	葡萄牙	57.9	42.9	60.0	45.3
	瑞典	68.3	74.0	72.6	83.0	立陶宛	47.6	48.8	60.7	33.5
	芬兰	69.3	74.4	72.0	77.3	波兰	39.4	42.4	52.9	45.4

区域	国家	核心力	驱动力	基础力	纽带力	国家	核心力	驱动力	基础力	纽带力
欧洲	荷兰	65.8	73.5	75.4	71.4	斯洛文尼亚	50.2	47.9	55.9	29.2
	爱尔兰	60.3	67.2	72.1	79.3	匈牙利	51.5	43.0	59.2	41.3
	挪威	68.3	68.2	68.4	74.4	意大利	45.2	37.0	54.8	37.3
	德国	61.4	69.8	75.6	70.0	希腊	49.0	29.7	58.6	36.5
	卢森堡	65.7	70.3	71.0	65.1	斯洛伐克	44.1	43.9	51.2	27.9
	英国	54.2	59.9	73.5	70.4	俄罗斯	28.0	36.4	49.1	26.6
	奥地利	67.5	64.4	72.8	59.0	乌克兰	41.8	29.2	42.1	31.5
	法国	58.8	62.2	73.4	45.7	罗马尼亚	40.7	33.0	44.9	23.5
	爱沙尼亚	59.3	54.8	61.9	61.0	克罗地亚	41.7	30.4	42.5	22.1
	比利时	60.4	62.6	67.2	47.0	印度尼西亚	25.8	37.4	32.4	41.0
	西班牙	51.9	42.9	68.8	39.3	保加利亚	45.6	30.9	48.0	22.7
亚洲	新加坡	56.2	76.7	73.8	64.6	韩国	35.4	62.5	61.0	37.0
	日本	54.7	66.8	72.9	63.8	哈萨克斯坦	34.3	38.4	42.7	45.2
	以色列	59.5	68.8	62.5	53.9	约旦	44.2	46.1	37.1	44.4
	中国香港	49.2	64.4	64.2	55.2	中国	37.5	39.3	43.4	40.1
	马来西亚	38.0	57.9	58.4	66.2	土耳其	26.4	36.8	51.0	40.2
	阿联酋	38.5	53.6	61.0	70.3	泰国	36.5	37.4	40.5	33.6
	中国台湾	42.4	72.8	53.9	45.5	印度	29.4	32.9	28.1	32.9
	卡塔尔	39.4	52.2	53.7	56.2	菲律宾	27.1	30.0	28.5	31.0

（四）主要国家民生发展竞争力与发展模式比较

为了进一步分析国际上民生发展竞争力发展先进经验，为我国发展寻找借鉴，以金砖四国作为参照，选择发展水平位于前两组的丹麦、德国、美国和日本代表发达国家，研究其民生发展与社会生产力系统发展现状和发展模式。

第一，综合分析。丹麦等四国在教育、医疗、社会福利保障和安全方面的明显优势构成民生发展的核心竞争力，生产力和创新能力、基础设施和自然环境方面的显著优势为民生核心要素发展提供了强大的驱动力和优秀的基础条件,较完善的社会制度和社会环境也为民生发展系统协同发展提供有效保障(如图3-4、图3-5所示)。但另一方面,中国等在追赶中的国家虽然存在不均衡发展,但发展速度较快,在某些方面的发展较为突出,比如,俄罗斯在保障就业、发展教育、创新人力资源方面具有优势;中国在教育事业和基础设施建设方面取得卓越成绩,更加重视创新投入,政府管理水平不断提高;巴西在教育投入和雇员培训方面具有优势,居民消费拉动对经济发展发挥重要作用;印度的服务业发展较好、金融体系对企业竞争力提升发挥积极作用,这些都体现出在追赶中的国家不断提升民生竞争力的自身优势不同、发展策略和发展侧重点的选择不同。

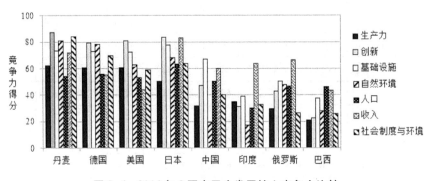

图3-4 2014年8国家民生发展核心竞争力比较

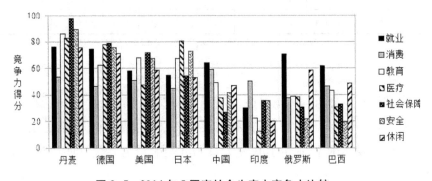

图3-5 2014年8国家社会生产力竞争力比较

第二,丹麦等四国民生核心竞争力突出优势主要体现在国家公共服务创新发展上。首先,充分就业是发达国家宏观调控的主要目标,丹麦等四国对失业率、长期失业率和青年失业率的控制比较有效。其次,丹麦等四国在教育水平、教育环境、教育支出和职业教育方面均表现出明显优势,医疗卫生水平同样显著高于"金砖国家",包括健康水平更高、医疗人员和健康基础设施更加充足以及对公共健康支出强度更大。再次,丹麦等四国的社会福利保障制度较发展中国家起步早,也更加成熟,丹麦是北欧福利国家的典型代表,社会福利保障水平非常高,在失业和社会保障、医疗和残疾人保险、老年人保险方面的福利制度全面且高度发展,达到如此水平必须有充足的资金保障,丹麦税收的 40% 用于社会福利,而我国的社会保障和就业支出占公共财政支出的10.2%。除此之外,丹麦等四国对人身和财产安全的保障能力明显高于"金砖国家",数据安全和政治安全程度也相对较高。另一方面,不仅在政府公共服务所包含的方面,丹麦等四国的消费和休闲水平也较高,经济发展的需求驱动模式较为成熟,但生活压力相对较大,主要表现在主要城市生活费用、住房消费较高。最后,丹麦等四国的休闲资源和休闲设施水平较好,且人均工作时间低于印度、中国和日本,有更多的时间可用于休闲活动。

第三,丹麦等四国在生产力和创新、基础设施和生态环境、社会制度与社会环境方面的优势更有利于民生发展。生产率高是推动民生发展的核心优势,美国和德国的综合生产率和劳动生产力分别超过中国同期水平的 6 倍和 5 倍,人力资源、金融体系对经济发展和民生改善的促进作用更加有效。创新是社会经济和民生发展的助推器,发达国家创新水平的明显优势不仅得益于对创新资金和人员的大力投入,在创新环境建设,包括知识产权保护、技术标准制定以及法律和金融环境对创新活动的支持等方面的优秀经验更值得发展中国家学习。民生发展对这些国家的经济发展和创新活动的拉动作用比较显著,美国和德国的消费率分别超过 70% 和 55%,对文化、教育和休闲娱乐的消费比重较高,而我国只有不到 40%,对食品和衣着项目的消费比重远大于发达国家,对产业升级和经济结构调整的推动作用较弱。

基础设施和自然环境是民生发展的基础条件。发达国家的基础设施建设较为完善,在交通、能源、信息和基本基础设施的水平、覆盖率和使用效率方面都具有明显优势,如丹麦、德国的人均宽带带宽分别超过 160kbps 和 80kbps,

每千名居民使用宽带人数均在350人左右，而中国同期水平不到3kbps和120人。发达国家的资源利用效率高、环境保护措施比较有效，而发展中国家由于生产率水平有限，资源利用效率较低，可持续发展水平不高，并不同程度的面临环境污染问题，给正常生产生活带来健康和安全隐患。

发达国家的法律建设较为完善，失业法、竞争法、环境法等法律规范对保障就业、促进公平竞争和经济发展、保护生态环境起到了不可或缺的作用。与发达国家相比，中国和俄罗斯等国政府对经济改革和社会发展的控制力强，有效的政府决策更加有利于改善民生，但政府不透明和官僚主义影响政府工作效果。丹麦等国的社会环境中社会责任感、工作动力、不适当行为在公共领域不盛行、公平等氛围较好，但在社会凝聚力、社会价值观、民族文化、性别平等、灵活性和适应性等方面部分"金砖国家"表现出对民生和社会生产力发展更有利的特征。丹麦等国有利于改善民生的人口和收入特征包括城镇化水平、人口质量水平较高，以及收入水平高，丹麦、德国和日本的收入分配更加均匀。但发达国家也同样存在不利因素，如人口增长缓慢、老龄化趋势更加明显、税负相对更重、收入增速较慢等。

第四，各国民生发展核心和社会生产力竞争力发展并非完全同步，民生发展系统发展模式存在差异。4个发达国家的经济发展整体水平相近，但丹麦和德国的民生核心竞争力高于美国和日本，主要原因在于北欧福利国家的发展兼顾公平与效率，经济发展与社会进步并重，社会福利制度全面且高度发展，中欧国家发展也在逐渐汲取北欧国家的优秀经验。而美国的发展更强调效率，强调自由市场模式，经济发展水平高但社会福利制度仍在不断调整，如正在推进的美国医疗改革。由此来看，国家发展价值观念的不同造就民生发展水平的差异。这对其他国家民生发展有一定的启示作用，公平并不一定阻碍效率提高，结合本国实际情况处理好经济发展与社会福利公平之间的关系能够使经济社会发展之路走的更远。

三、中国民生发展国际竞争力分析

中国在追赶中不断提高民生水平，民生发展系统有自己的发展模式。2014年中国民生发展国际竞争力得分为42分，在59个国家中排名第42位，但高于大部分发展中国家,在"金砖国家"中最高;民生发展国际竞争力水平提高较快,与1996年相比提高了9分。从中国民生发展国际竞争力各子系统主准则层的资产负债情况(见图3-6)来看,中国的就业、消费和基础设施要素竞争力在2014年均位列第11至21名,是我国民生发展情况最好的方面。而大多数要素属于竞争力负债,尤其是核心要素中的社会保障、健康医疗和休闲水平均呈现明显弱势,生产力驱动水平仍然较低,自然生态环境差影响基础力的整体水平,社会制度环境作为民生发展纽带其效用需要提高。从动态发展来看,我国大部分民生要素都在逐渐优化,特别是文化教育、消费和基础设施水平显著提高,但需要重视社会保障、自然环境、收入和社会制度环境四个方面都出现的水平下滑趋势。

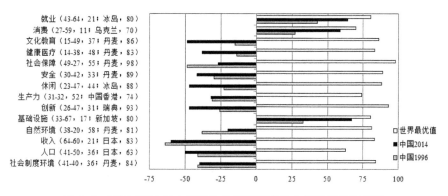

图3-6　1996、2014年中国民生发展国际竞争力指数资产负债图

注:图中正值方向的要素代表民生发展国际竞争力资产,相反为负债,横向坐标轴标签为得分值,正负号仅用来说明资产或负债的性质,而不代表得分值的正负号性质。纵向坐标轴标签括号中内容依次代表此项要素中国1996—2014年得分,2014年位次;排名第一的国家(地区),排名第一的国家(地区)2014年得分。

从竞争力结构来详细分析我国民生发展的优势和劣势。在民生核心要素中,我国就业和消费竞争力较好,这主要得益于政府重视保障就业以及较低的生活成本和赡养比,而生活能力和保障,劳动力再生产等其他方面尚存在较大发展空间。七个核心要素有明显的共同点。首先,除了就业水平一直拥有较高竞争力以及社会保障水平以外,其他要素都体现出从最初的低水平向高水平转变的明显变化,但发展速度各不相同,人均水平依然较低,尤其体现在面对人口压力时教育和医疗资源、社会福利保障的资源紧张状况,并进而产生各种不均等问题。其次，各民生要素内部存在结构失衡，部分是由于正处在逐步推进的过程中，例如，由普及义务教育向推动高等教育水平提升的发展，由集中精力于提高人民基本工作和生活水平向逐步提高对调节工作学习状态、愉悦身心的休闲活动的重视发展，在保证政治稳定基础上对人身及财产安全的保障能力不断提高；也有一些方面发展不均衡需要提高认识上的重视，比如婴幼儿保健水平不断提高对比成人健康问题有恶化趋势，更加重视医疗资源的投入而健康保健基础设施投入不足。

我国经济和创新规模不断扩大，年增加值居世界第二，高科技产品出口总额位居第一；产出效率不断提高，综合生产率和劳动生产率自 2007 年以来年均增长速度均在 10% 左右，三次产业中农业生产率提高最快，几乎翻了一番，为民生发展提供了必需的物质资源供给。但民生需求对生产力的拉动机制尚未形成。目前我国居民可支配总收入约占 GDP 的 60% 左右，较低的比重不利于提高民生需求水平，而其中用于消费的不足六成，提高民生水平消费乏力；衣食需求约接近 50%，基本生存用品和服务仍是消费重点，对中高水平产品和服务的消费较弱，如养老服务机构发展缓慢，现有对高品质、高科技含量产品的需求还被国外大品牌产品占据一定份额，对我国生产率与生产结构提高和创新民生服务的拉动作用有限。

基础设施和自然生态环境都是民生发展的必要环境基础，但两者对民生发展所起的作用迥异。前者取得的成绩举世瞩目，为民生发展提供了良好的条件保障，而后者不断恶化已开始影响人民健康和正常工作生活。我国对基础设施建设投入巨大，基本基础设施、能源和交通基础设施水平突飞猛进，维护能力也逐步提高，但人均水平仍然较低，对民生健身活动场地建设和保健设施投入不足。对于自然生态环境方面，好的趋势是我国生产和生活中对资源的使用效率有所提高，但在巨大的人口和经济发展压力下，以及对资源循环利用和污染处理的行动缺位或力度不够，我国空气污染、水污染等环境问题有愈演愈烈的趋势，逐渐成为阻碍民生水平提高的重要因素。

我国民生发展纽带力中的收入和社会制度环境的得分都在下降，不利于民生发展系统的互动和发展。我国民生发展纽带力对民生系统发挥作用主要面临着人口的巨大压力、城镇化、老龄化、经济和社会改革等带来新形势新情况的冲击和考验。经济增长带动整体收入水平不断提高,进而消费能力、消费水平和民生水平不断提高,但分配不均以及税制调节分配效果不理想削弱了这个重要作用。人口要素得分提高主要得益于人口综合素质水平的提高。我国政府利用现代化管理手段对经济和社会进行宏观调控能力不断提高,如在强力保障下的低失业率、公共教育支出和公共健康支出不断增长,社保覆盖范围逐步扩大等方面,但也有如社保资金管理能力、制度建设水平和执政透明度等方面存在的问题需要解决。我国在社会凝聚力、民族文化和男女平等等方面表现良好,在政府不断推动文化竞争力发展的政策促进下,社会价值观、社会责任感和社会平等也在往好的方面发展,这些都有益于民生系统的顺畅运转。

本章以经济社会发展规律以及我国现存问题为依据,认为已有民生研究割裂了民生要素与经济社会大系统之间的内在系统关系,不利于改善民生研究的持续有效开展,并进一步提出有益于我国经济社会良性发展的民生发展与社会生产力互动发展理论。该理论以民生与生产力双驱动引擎为核心,强调经济社会发展应从侧重发展生产转换为同时发挥供需双方的重要作用,同时基础设施和自然环境提供发展的必要条件基础,而人口和社会环境是各要素之间能量交换的媒介。

依据民生发展国际竞争力评价体系对世界 59 个国家和地区民生发展水平进行评价。得到欧洲大部分国家、北美国家及亚洲发达国家经济水平较高,社会发展各方面已趋于完善,民生发展国际竞争力强,国家公共服务系统发展得更好,在生产力、创新、基础条件以及社会制度环境方面有良好表现,不同的发展价值理念造就了民生发展的不同模式。东欧、拉美、亚洲和非洲的社会经济发展水平较低的国家,其民生发展国际竞争力较低,但以"金砖国家"为代表的部分国家强势追赶,民生发展部分领域成效显著。

2014 年中国民生发展国际竞争力得分在 59 个国家中排名第 42 位。我国的就业、消费竞争力水平较高,但民生各要素发展不同步,社会保障、健康医疗和休闲要素成为民生发展竞争力的短板,民生需求对我国生产率与生产结构提高和创新民生服务的拉动作用有限。在社会生产力要素中,基础设施水平相对较高,而生产力驱动水平仍然较低,自然环境基础差严重影响了基础力的整体水平,社会制度环境作为发展纽带其效用需要提高。从动态发展来看,我国大部分民生要素都在逐渐优化,但社会保障、自然环境、收入和社会制度环境四个方面共同出现走弱趋势。

　　未来提高我国民生发展竞争力应着重解决如下几方面问题:第一,推动民生核心要素共同发展需要提高对短板要素重要性的认识以及资金、制度保证,利用现代信息手段提高服务创新能力,尤其是大数据时代的有利时机,推进服务产品创新和财政管理体制改革并实施切实可行的考核制度是解决问题的重要方向。第二,推动民生与生产力双引擎驱动模式发展是改善民生、实现经济持续健康发展的重要途径,而前提条件是提高普通劳动者的收入和消费能力,推动收入分配制度改革、提高劳动收入所占比重已势在必行。第三,我国低碳经济发展成效显著,但对污染物治理以及发展循环经济的实践程度远远不够,生态环境仍受到严重威胁。如何将低碳经济、循环经济和绿色经济等多种发展需要相互融合、共同推进,还需要从提高认识、解决技术问题、保障资金和政策供给等方面加以研究和落实。

第 四 章

民生与生产力互动发展实证研究

在第三章的研究中,提出了民生与社会生产力互动发展系统理论,这一理论以民生与生产力双引擎驱动为核心,基础设施和自然环境为双引擎驱动提供基础支撑,人口、收入和社会制度环境是沟通各要素的媒介。民生与社会生产力互动发展系统理论是以经济学、管理学和社会学的基础理论为依据所提出的,而在国家的现实发展中,民生与社会生产力各要素是否真的呈现出这样的发展规律? 第四章和第五章拟使用国家层面的数据,通过实证研究回答两个问题:第一,中国的民生与生产力是否实现互动发展,这一规律是否在长期和短期都适用,民生发展不同要素是否都体现出相同的规律;第二,影响民生与生产力互动发展的社会制度环境包括哪些方面,社会制度环境怎样对民生与生产力互动发展起着沟通媒介的作用。第四章和第五章分别实证研究这两方面的问题,以期为第三章所提出民生与社会生产力互动发展系统理论提供有力的实证支持和补充。

第一节 相关研究综述

民生与社会生产力互动发展系统的核心是民生与生产力双引擎驱动,即民生与生产力相互推动、相互影响、协同发展。自改革开放以来,中国的经济增长水平和人民物质生活水平都得到了极大提高,但前者的发展速度更快。由第三章民生发展国际竞争力评价结果可知,在 59 个国家中,中国民生发展核心力竞争力由 1996 年的第 51 位上升至第 44 位，驱动力竞争力排名由第 47 位上升到第 38 位，虽然二者的竞争力水平都在不断提高，但是驱动力竞争力排名上升幅度更大，排名名次也好于民生发展核心力。因此，中国的民生与生产力是否如理论上所分析实现互动发展需要利用时序数据进行实证研究。另一方面，民生包括就业、消费、文化教育、健康医疗、社会保障、安全、旅游休闲等要素，各个要素都可以作为小的发展系统，遵循着不完全相同的发展规律。就业、教育、医疗、社保是当前我国民生问题最突出的方面①，而促进民生消费是扩大内需以推动经济增长的最主要方式。五者之中，我国社会保障制度从 20 世纪 50 年代初就开始建立，在 90 年代以后开始优先发展全国统一的养老保险和失业保险制度，我国社会保障制度的发展虽然能够在一定程度上反映出人民对这一社会安全制度不断优化的需求，但政府部门在相关制度的建立和完善过程中始终占有主导地位，其内生增长特征不如消费等方面充分，且已有统计数据序列较短不利于得到准确的结果，因此本部分暂时不包括对社会保障水平与生产力关系的研究，而集中讨论就业、教育、医疗和消费与生产力的相互关系。

我国民生与生产力水平整体上呈现线性增长趋势或指数增长趋势，且二者的互动关系可分为长期关系和短期关系。在已有模型方法中，协整方法是对非平稳经济变量长期均衡关系进行统计描述的最常用方法，而向量误差修正模型是对研究长期稳定关系的协整方法的补充，研究变量之间存在的短期修正关系。除此之外，当回归模型中解释变量和被解释变量存在联立性时会产生内生性问题，不满足误差以解释变量为条件的期望值为 0，使估计结果出现不一致性和有偏性，此时无法用工具变量法解决，而对民生与生产力的互动发展关系进行研究就存在联立性问题。对于这种情况，传统的结构性方法需要建立在一定经济理论的基础之上，但目前尚未出现对民生与生产力的动态联动规律进行严密说明的理论。向量自回归模型从数据出发，采用多方程联立的形式，是一种研究序列之间动态变化规律的非结构化方法。本书依次进行单位根、协整和 Granger 因果检验，根据检验结果建立向量误差修正模型、求解脉冲响应函数和方差分解模型，逐步分析 4 个民生要素与生产力之间长

---

① 郑功成：《为改善民生建言　为和谐发展献策》，《群言》2008 年第 7 期。

期和短期的动态关系、因果关系和系统受到冲击时的动态影响。

第二节　变量选择与统计描述

　　本书从《新中国六十年统计资料汇编》和《中国统计年鉴》中提取数据或进行简单计算,该数据库数据最早可追溯到 1949 年。鉴于数据的可获得性,选取每千人口执业(助理)医师数、普通中学在校生数、城镇登记失业率、人均居民消费分别测度民生发展中健康、教育、就业、消费这 4 个要素,选取人均国内生产总值代表生产力水平,其中城镇失业率从 1978 年开始统计,其他指标截取 1952—2013 年的数据以保持年限统一。由图 4-1 可以看出,人均国内生产总值和人均居民消费都表现出指数型增长趋势,普通高中在校生数和每千人口执业(助理)医师数也在不断增长,城镇登记失业率起伏变化明显,从 1978 年的 5.3 快速降低至 1985 年的 1.8,之后逐步攀升,从 2003 年起在 4.1 上下徘徊。由此初步判断人均国民生产总值和人均居民消费的协同发展趋势更明显。

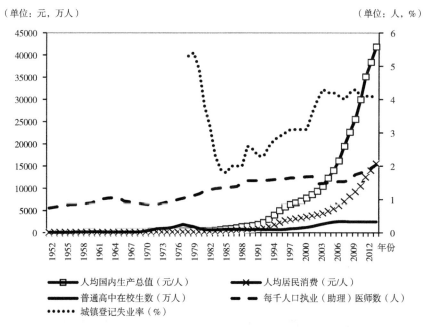

图 4-1　1952—2013 年民生要素与生产力测度指标发展趋势

根据民生发展国际竞争力对中国的评价结果，可以看到民生4个指标的取值与所在要素得分和民生发展核心竞争力得分的相关系数较高，说明各指标的代表性较好，尤其在文化教育方面；相比之下，人均国民生产总值对生产力的代表水平较差，只能代表生产力系统42.22%的信息，但由于其他与生产力质量、结构相关的指标数据长度短，无法综合衡量生产力的发展情况，因此本部分仍然使用人均国民生产总值作为生产力水平的代表指标。具体结果见表4-1。

表4-1　VAR模型中民生与生产力指标代表性

指标	所代表要素	相关系数	
		与民生发展核心要素得分	与民生发展核心/生产力系统得分
每千人口执业（助理）医师数	健康医疗	0.8183	0.7863
普通高中学生数	文化教育	0.8085	0.9530
城镇登记失业率	就业	0.6811	0.9142
人均居民消费	消费	0.6984	0.9028
人均国民生产总值	生产力	—	0.4222

第三节　实证结果与解释分析

一、单位根检验

为了检验用于VAR模型和VECM模型等的时序数据的平稳性，首先需要进行单位根检验。目前常用的单位根检验方法是Augmented Dickey-Fuller检验和Phillip-Perron检验，二者都适用于存在高阶自相关的序列，检验的原假设为存在单位根。

由表4-2的检验结果可知，在研究期内以及0.05显著性水平下，中国的人均国内生产总值是二阶单整序列；普通高中学生数、每千人口执业（助理）医师数、城镇登记失业率是一阶单整序列；ADF-Fisher检验结果显示人均居民消费的滞后二阶序列仍不平稳，PP-Fisher 检验结果显示人均居民消费存在二阶单整，此时再参考 Dickey-Fuller GLS 检验和 Kwiatkowski-Phillips-Schmidt-Shin 检验结果，认为人均居民消费是二阶单整序列。据此我们可以推断，我国生产力与消费的发展同速，健康医疗、文化教育的发展速度落后于生产力，就业水平的好坏与经济增长速度直接挂钩。由于协整检验、VAR 模型要求变量是同阶协整，在后续分析中，分别对人均国民生产总值二阶差分项与人均居民消费二阶差分项进行 VAR 模型的计算和检验，对人均国民生产总值二阶差分项和普通高中在校学生数、每千人口执业（助理）医师数、城镇登记失业率的一阶差分项做 VAR 模型的计算和检验。

表 4-2 变量的单位根检验

变量	检验方法	检验类型	滞后阶数	检验值	1%临界值	P 值
gdppc	ADF	无常数项和时间序列项	2	−2.6846	−2.6102	0.0082
gdppc	PP	无常数项和时间序列项	2	−7.9648	−2.6047	0.0000
ns	ADF	无常数项和时间序列项	1	−3.5435	−2.6047	0.0006
ns	PP	无常数项和时间序列项	1	−2.9227	−2.6041	0.0041
nd	ADF	无常数项和时间序列项	1	−4.7416	−2.6041	0.0000
ns	PP	无常数项和时间序列项	1	−4.7762	−2.6041	0.0000
un	ADF	无常数项和时间序列项	1	−2.8809	−2.6347	0.0053
un	PP	无常数项和时间序列项	1	−2.9186	−2.6347	0.0048
hepc	ADF	无常数项和时间序列项	2	−1.5511	−2.6102	0.1126
Δhepc	ADF	无常数项和时间序列项	2	−3.0811	−2.6102	0.0027
hepc	PP	无常数项和时间序列项	2	−8.4704	−2.6047	0.0000

注：gdppc、ns、nd、un 和 hepc 分别代表人均国民生产总值、普通高中在校学生数、每千人口执业（助理）医师数、城镇登记失业率和人均居民消费，Δ 代表一阶差分序列。

二、协整检验

如果两个同期单整的变量序列存在一个线性组合是平稳序列,那么它们存在协整关系,这往往作为它们之间存在长期均衡关系的证据。本部分即是用协整检验来分析民生要素与生产力发展之间是否存在长期均衡关系。在协整检验的方法中,Johansen 协整检验适用于对多变量的回归系数进行检验,主要通过特征根迹检验和最大特征值检验进行测算。

表4-3 两变量 VAR 系统的 Johansen 协整关系检验

VAR 系统	滞后期	特征根	极大似然率	检验结果
$(\Delta^2 gdppc, \Delta^2 hepc)$	5	0.0326	1.8582	存在 1 个协整关系
$(\Delta^2 gdppc, \Delta ns)$	2	0.0553	3.2414	存在 1 个协整关系
$(\Delta^2 gdppc, \Delta nd)$	2	0.0564	3.3073	存在 1 个协整关系
$(\Delta^2 gdppc, \Delta un)$	2	0.0404	1.3183	存在 1 个协整关系

注:①滞后期的选择根据无约束的 VAR 模型的最佳滞后期减去 1;②VAR 模型的最佳滞后期选择综合考虑互相关函数、LR 检验、AIC 准则、BIC 准则、HQ 准则和最终预测误差 FPE 的计算和检验结果;③选择截距和趋势项根据 AIC 和 BIC 准则。

通过 Johansen 协整检验方法的检验结果(表4-3)可以看出,人均国民生产总值的二阶差分序列($\Delta^2 gdppc$)分别与每千人执业(助理)医师数、普通高中在校学生数和城镇登记失业率的一阶差分序列(Δnd、Δns、Δun)存在协整关系,人均国民生产总值的二阶差分项与人均居民消费的二阶差分项存在协整关系。说明我国居民健康医疗、文化教育与就业水平的提高与经济发展增速存在长期均衡关系,居民消费增速与经济发展增速存在长期均衡关系。协整关系式的回归参数见表4-4。

表 4-4　协整关系回归参数

变量	生产力	民生要素	常数项	似然比
消费	1	−2.4817 (0.0810)	80.0560 (30.8736)	−617.8257
文化教育	1	−3.7769 (0.9094)	—	−717.1939
卫生医疗	1	−7566.921 (2270.94)	—	−288.6010
就业	1	−17527.01 (5128.39)	—	−219.5363

通过回归系数正负号看出民生要素变量增长量(或增速)与生产力增速变量均是同向协整,这符合对健康、教育、消费与生产力发展关系的普遍认识,但城镇登记失业率一阶差分项与人均国民生产总值二阶差分项的同向协整关系显然违背了奥肯定律,但与部分研究者的研究结论相同,庄腾飞[1]和汪祥春[2]认为,这是由奥肯定律没有考虑新经济增长因素的作用、中国经济体制改革、城镇化和政府调控等因素所共同导致的。

三、Granger 因果检验

Granger 因果关系检验主要用于确定因果关系的从 x 到 y,从 y 到 x,还是双向因果关系。如果变量 y 可以用自身不同滞后期加以解释,再引入变量 x 不同滞后期作为解释变量,原假设是 x 的系数全为 0,若引入 x 无助于解释 y 的变化,则接受原假设,x 不是引起 y 变化的 Granger 原因。根据陈强的研究,"格兰杰因果关系并非真正意义上的因果关系。它充其量只是一种动态相关关系,表明的是一个变量是否对另一个变量有预测能力。从某种意义上来说,它顶多是因果关系的必要条件。"[3]

---

[1]　庄腾飞:《一定范围内奥肯定律失效原因的初探》,《人口与经济》2006 年第 2 期。

[2]　汪祥春:《解读奥肯定律——论失业率与 GDP 增长的数量关系》,《宏观经济研究》2002 年第 1 期。

[3]　陈强:《高级计量经济学及 STATA 应用》(第二版),高等教育出版社 2014 年版。

表 4-5　民生与生产力的 Granger 因果检验结果

民生变量	零假设	最优滞后期	样本数	F 统计量	概率
hepc	Δ^2gdppc 不是 Δ^2hepc 的 Granger 原因	5	57	22.4593	0.0000
	Δ^2hepc 不是 Δ^2gdppc 的 Granger 原因	5	57	7.0366	0.0000
ns	Δ^2gdppc 不是 Δns 的 Granger 原因	2	58	0.8658	0.4266
	Δns 不是 Δ^2gdppc 的 Granger 原因	2	58	0.0705	0.9320
nd	Δ^2gdppc 不是 Δnd 的 Granger 原因	2	58	1.2961	0.2821
	Δnd 不是 Δ^2gdppc 的 Granger 原因	2	58	3.1558	0.0507
un	Δ^2gdppc 不是 Δun 的 Granger 原因	2	33	0.6538	0.5278
	Δun 不是 Δ^2gdppc 的 Granger 原因	2	33	0.7516	0.4809

注：检验结果为 F 值，括号内为 p 值。Granger 检验的滞后期根据 VAR 滞后期-1。

由表 4-5 的 Granger 检验结果可以看到，在 0.05 显著性水平下，只有人均国民生产总值二阶差分项和人均居民消费二阶差分项互为 Granger 原因，说明人均国民生产总值增速和人均居民消费增速分别可以帮助预测对方在未来的变化。这一检验结果说明我国消费与生产力的长期均衡双向关系较强。同时也说明我国生产力增速与就业、教育和健康医疗的增量水平之间长期均衡关系的作用方向不明确。

四、向量误差修正模型

向量误差修正模型是在 VAR 模型中加入协整约束，具体形式为：

$$\Delta y_t = \alpha\, ecm_{t-1} + \sum_{i=1}^{p-1} \Gamma_i \Delta y_{t-i} + \varepsilon_t \tag{4-1}$$

其中，$ecm_{t-1} = \beta' y_{t-1}$ 是误差修正项向量，是加入 VAR 模型的协整约束，反映长期均衡关系，系数矩阵 α 反映了变量偏离长期均衡状态时被拉回到均衡状态的速度。Δ 是一阶差分项，其系数反映民生要素和生产力解释变量的短期波动对民生要素或生产力被解释变量的短期变化的影响。ε_t 代表随机扰动，同期之间可以相关，但不能有自相关，也不能与解释变量相关。本部分用向量误差修正模型来分析民生要素与生产力之间的动态关系,包括长期效应和短期效应,结果见表4-6。

表4-6　误差修正模型回归结果

解释变量	$\Delta^2 dgdppc_t$	$\Delta^2 hepc_t$	$\Delta^2 dgdppc_t$	Δns_t	$\Delta^2 dgdppc_t$	Δnd_t	$\Delta^2 dgdppc_t$	Δun_t
误差修正项	-0.0669 (-0.5794)	0.1648 (2.9208)	-0.1285 (-1.9931)	0.0877 (3.0891)	0.0202 (0.2104)	0.0001 (3.2742)	-0.0026 (-0.2490)	0.0001 (3.3889)
生产力一阶滞后项	1.7803 (7.0614)	0.5587 (4.5375)	-0.3913 (-5.8616)	-0.0497 (-1.6904)	-0.4672 (-5.2241)	-0.0001 (-3.3288)	-0.4568 (-5.9031)	0.0001 (0.5326)
生产力二阶滞后项	-0.5543 (-1.6521)	-0.2711 (-1.6543)	-1.3003 (-16.3021)	-0.0373 (-1.0607)	-1.3606 (-14.7250)	-0.0001 (-0.9125)	-1.4059 (-12.6454)	0.0001 (1.4239)
民生要素一阶滞后项	-1.7854 (-3.7803)	-0.2722 (-1.1802)	-0.3581 (-1.1620)	0.2982 (2.1980)	682.3052 (0.9670)	-0.2038 (-1.2717)	132.5420 (0.6451)	-0.0886 (-0.5455)
民生要素二阶滞后项	-0.9349 (-1.6533)	0.5490 (1.9883)	-0.3124 (-0.9614)	0.0823 (0.5752)	-90.9633 (-0.1536)	-0.0901 (-0.6699)	-121.0917 (-0.6417)	0.1028 (0.6892)
R^2	0.9895	0.9815	0.8861	0.1830	0.8810	0.4031	0.8847	0.4297
adj. R^2	0.9871	0.9774	0.8773	0.1202	0.8719	0.3572	0.8677	0.3453
F	422.8638	238.7889	101.0970	2.9121	96.2845	8.7787	51.8166	5.0866
Log Likelihood	-350.6052	-310.4691	-382.3725	-335.6167	-383.6007	94.6364	-224.0672	4.5127
AIC	12.9145	11.4810	13.5920	11.9515	13.6351	-3.1451	14.3167	0.0305
SC	13.3123	11.8789	13.7712	12.1307	13.8143	-2.9659	14.5457	0.2595
Determinant resid covariance (dof adj.)	20314120		350153686		102.9467		4381.137	
Determinantresid covariance	13117376		291067548		85.6780		3118.993	
Log likelihood	-617.8257		-717.1939		-288.6010		-219.5363	
AIC	22.9581		25.5858		10.5474		14.4710	
SC	23.8622		26.0159		10.9775		15.0207	

人均国民生产总值增量与出生时预期寿命。人均国内生产总值增速的短期变动不仅受到自身和消费增量前期值的影响,还受到生产力与教育长期均衡关系的影响。人均居民消费和普通高中在校学生数的增量不仅受自身和人均国民生产总值增速的影响,还受到自身与生产力长期均衡关系的影响。每千人执业(助理)医生数增量受自身与人均国民生产总值的长期均衡关系影响,还受后者短期波动影响。城镇登记失业率增量受自身与人均国民生产总值增速的长期均衡关系影响。这说明从长期均衡关系的影响作用来看,民生要素的短期波动都受到与生产力的长期均衡关系的影响,生产力的短期波动受到与教育的长期均衡关系的影响;从短期波动来看,生产力的短期波动对其本身、消费、教育和健康的后期短期波动有影响,消费的短期波动影响其本身和生产力的后期短期波动,教育的短期波动影响其本身的后期短期波动。

五、VAR 模型的回归分析

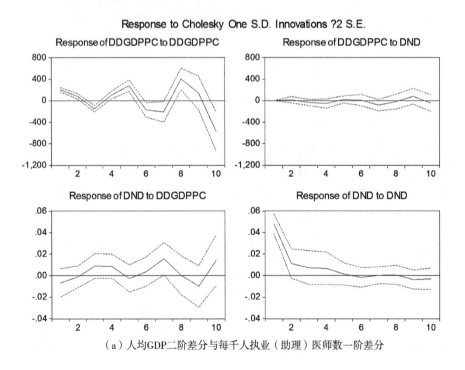

(a)人均GDP二阶差分与每千人执业(助理)医师数一阶差分

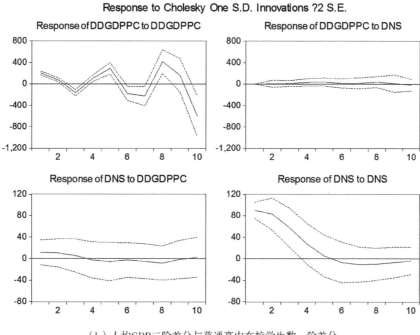

（b）人均GDP二阶差分与普通高中在校学生数一阶差分

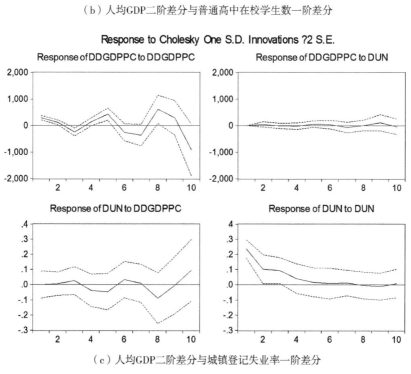

（c）人均GDP二阶差分与城镇登记失业率一阶差分

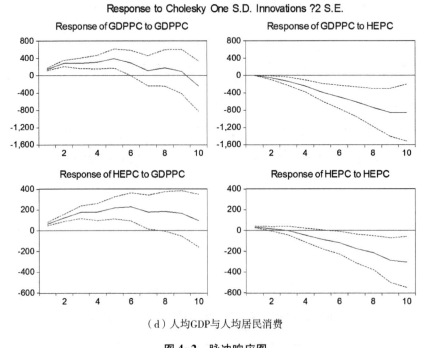

（d）人均GDP与人均居民消费

图4-2 脉冲响应图

由前文分析可得民生要素与生产力都是非平稳序列。易丹辉通过研究认为变量平稳是进行 VAR 模型拟合的前提条件①，但高铁梅的研究认为可以放宽条件②。本文认为随着协整理论的发展，如果变量之间存在协整关系且选择了合适的滞后阶数，也可以对变量原始值进行 VAR 模型估计。

1. 脉冲响应模型结果。由于应用 VAR 模型无需经济理论基础，在实际应用中，通常分析模型受到某种冲击时的系统动态影响。通常采用 Cholesky 因子变换的方法引入扰动项，由于篇幅所限，本文不再赘述具体算法。利用 Eviews 软件的脉冲响应函数分析功能对民生要素与生产力之间的冲击影响关系，得到结果如下：

---

① 参见易丹辉：《时间序列分析方法与应用》，中国人民大学出版社 2012 年版。

② 参见高铁梅：《计量经济分析方法与建模—Eviews 应用与实例》（第二版），清华大学出版社 2012 年版。

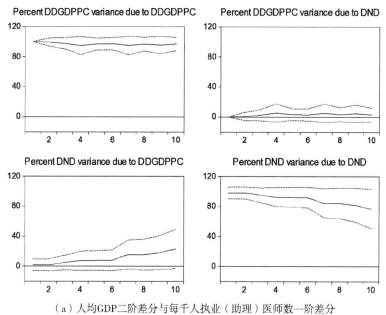

（a）人均GDP二阶差分与每千人执业（助理）医师数一阶差分

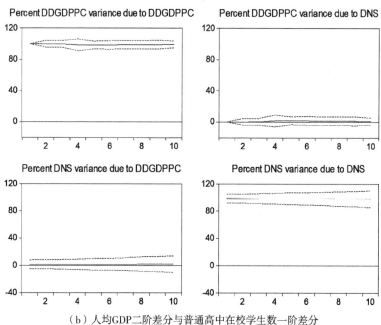

（b）人均GDP二阶差分与普通高中在校学生数一阶差分

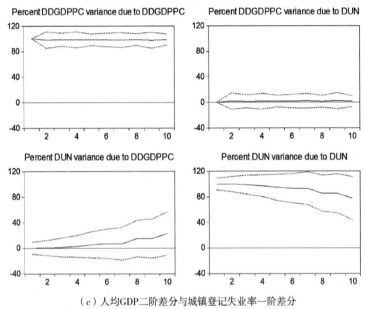

（c）人均GDP二阶差分与城镇登记失业率一阶差分

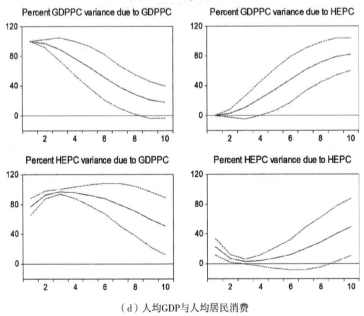

（d）人均GDP与人均居民消费

图4-3　方差分解图

人均国民生产总值的一个扰动对自身的影响在前几期为正,之后有上下波动的趋势,并伴随个别时期出现负值,说明人均 GDP 水平值或增量的一个扰动对自身主要是不断波动的正向影响。

人均国民生产总值的一个扰动对千人执业(助理)医生数、普通高中在校学生数和城镇登记失业率的影响主要为正,伴随上下波动和一些时期出现负值。人均国民生产总值的一个扰动对人均居民消费的影响为负且不断扩大,再一次变现出我国的经济发展模式是重生产轻消费,生产增速发生变化会带来消费增速的降低。

民生要素增量的一个扰动对人均国民生产总值增速的影响趋近于 0,随着时间的推进,其影响在 0 附近不断波动,人均居民消费增速对人均国民生产总值增速的影响为正且不断扩大。

同样,民生要素出现扰动对自身的影响由大变小,随着时间的推进,就业情况、教育和医疗卫生对自身的影响在 0 附近不断波动,消费对自身的影响为负且绝对值不断增大。

2. 方差分解结果。方差分解用于分析预测误差的方差来源,对于教育、卫生医疗和失业率来说,它们增量的预测误差的绝大部分方差来自其自身,而消费增速的预测误差随着时间推移来自生产力增速的方差比例越来越大,同样生产力增速的预测误差来自消费增速的方差比例越来越大。

民生要素中的健康医疗、文化教育、就业和消费的发展与经济增量或经济增速都具有长期均衡关系。这说明在长期内,民生改善与生产力提高是协同发展的,从数量上证实了我国民生与生产力在长期上存在互动发展关系。其中,经济发展与居民消费之间存在更紧密的关系,即二者对相互间的发展有预测作用。

在短期内,生产力的短期波动一方面受到与消费长期均衡关系的约束,另一方面受到消费和其自身的短期波动的影响。民生要素的短期波动都受到民生与生产力长期均衡关系的约束,部分还受到来自其自身短期波动的影响。由此看来,消费和生产力发展趋势,以及教育提高人力资源水平进而推动生产力,这些都影响着生产力的近期增速;民生要素的发展要靠生产力增速带来的更加丰富的物质基础,也受到自身和生产力的短期发展趋势的影响。各要素之间关系的分析结果如图 4-4 所示。

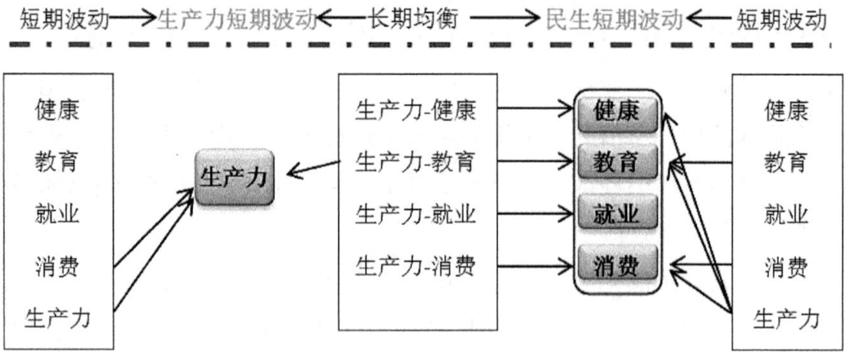

图 4-4　民生与生产力互动发展关系实证分析结论

第 五 章

民生与生产力互动发展的影响因素研究

在前文所述的民生与社会生产力互动发展系统理论中,我们提出社会制度环境对民生与生产力的相互作用起到纽带作用。改善民生固然需要国家硬实力提供物质基础和保障,但其互动发展不会自动自觉地实现最高效率,国家的法律制度健全高效、保证公平,政府政策更倾向于保障民生、管理和调控得当有力,整个社会形成积极、平等、有责任感和正义感的社会氛围,是社会生产力发展向民生发展转化的有力保障,共同构成了影响民生发展的国家社会制度环境。国家社会制度环境影响民生发展模式和进程,是沟通民生发展各系统能量转换的必要媒介,与硬实力一样,对推动民生发展发挥着不可替代的作用。鉴于此,本部分借助空间面板数据模型的思想和方法,从宏观层面系统研究国家社会制度环境对民生与生产力互动发展的作用机制。

第一节 相关研究综述

国外文献对生活质量的研究可以视作国际上对民生发展研究的理论先导,近些年更强调对主观生活质量、生活满意度以及幸福感的影响因素研究,且多利用调查数据研究特定人群的特征。国外学者对主观生活质量影响因素的研究已有一定的积累,包括 Veenhoven 和 Hagerty 通过研究认为经济增长对提高主观生活质量的作用不显著,1950 年以来富裕的国家的平均幸福感只有微弱的增长。[1] Veenhoven 的研究表明在富裕、自由、平等、受到良好教育、和谐的国家，主观生活质量更高，但与失业率、福利水平、收入平等、虔诚和制度信任度无关。[2] Lin 和 Lahiri 等的研究表明贪污、健康和国民收入对幸福感的解释能力最好。[3] 此外，Nigel Barber 的研究表明包括性别比例和年龄比例在内的人口结构对主观幸福感有显著影响。[4] Ferrer-I-Carbonell 和 Gowdy 的研究证明环境污染无益于提高幸福感。[5] 但现有研究存在几方面问题，首先由于采用微观数据、样本之间可比性低，不同研究结果会存在矛盾，如对于收入水平与主观生活质量的关系，Veenhoven 和 Hagerty 通过研究认为经济增长对提高主观生活质量的作用不显著[6]，Easterlin 在文章中指出了 Hagerty 和 Veenhoven 研究所存在的问题并利用美国数据证明收入增长有利于提高幸福感。[7] 其二，对于解释变量的选择，鲜有文献能够全面考虑经济发展与创新、基础设施、自然生态环境与社会制度环境的影响作用，尤其没有对社会制度环境有一个结构化的定位和解释，只是分析一两个零散的社会制度环境变量的解释作用。其三，现有研究大多将社会制度环境的作用机制等同于硬实力而直接作为模型解释变量，而在侧重于民生发展客观条件的研究中，社会制度环境其实是对民生与生产力的互动机制发挥作用，而非直接作用于民生本身，不能直接作为解释变量。

国际上对竞争力的研究最初是哈佛大学波特教授对国际竞争力以及钻石

① Ruut Veenhoven, Michael Hagerty, "Rising happiness in nations 1946-2004: A reply to easterlin", Social Indicators Research, Vol.79, 2006.

② Rutt Veenhoven, "Happy life-expectancy: A comprehensive measure of quality-of-life in nations", Social Indicators Research, Vol.39, 1996.

③ Chun-Hung A.Lin, Suchandra Lahiri, Ching-Po Hsu, "Happiness and regional segmentation: Does space matter?" Journal of Happiness Studies, Vol.15, Issue 1, February 2014.

④ Nigel Barber, "The influence of abnormal sex differences in life expectancy on national happiness", Journal of Happiness Studies, Vol.10, Issue 2, April 2009.

⑤ Ferrer-i-Carbonell, A., Gowdy, J.M, "Environmental degradation and happiness", Ecological Economics, Vol.60, Issue 3, January 2007.

⑥ Michael R. Hagerty, Ruut Veenhoven, "Wealth and happiness revisited-growing national income does go with greater happiness", Social Indicators Research, Vol.64, Issue 1, October 2003.

⑦ Richard A.Easterlin, "Feeding the illusion of growth and happiness: A reply to Hagerty and Veenhoven", Social Indicators Research, Vol.74, Issue 3, December 2005.

模型的研究,他从国际贸易理论出发,对企业竞争战略与竞争策略、国家竞争力作用、关键因素的影响和决定作用展开充分讨论。软实力理论的提出打破了以传统的军事和经济等硬实力为核心的研究范式,认为由社会制度、意识形态、生活方式等所组成的软实力在未来的国际竞争力将发挥更加重要的作用。世界经济论坛(The World Economic Forum,WEF)和瑞士洛桑国际管理学院(International Institute for Management Development,IIMD)综合了这些理论,将反映国家综合实力的经济社会运行情况和起决定作用的生产力、创新能力等客观因素以及体制、管理、政策、价值观念等主观因素共同作为国家竞争力的决定因素进行系统科学的研究。

国家硬实力对民生发展的重要作用毋庸置疑,国家软实力不仅作为社会生产力发展各系统之间能量传播媒介、直接影响民生发展模式和效率,也正因为如此,它形成了一种同化性力量,使软实力相近的国家之间更容易通过知识、信息和交流而产生影响、仿效和支配关系,使民生发展产生相关性和空间集聚。丹麦在建设高福利国家进程中对其他北欧国家发挥启发和引领作用就是有力说明。软实力的媒介和同化作用与空间模型距离越近相互影响程度越高的思想不谋而合,同时空间方法还能解决样本存在相关性违背独立性假设所带来的估计有偏和非最优问题,且用空间面板数据会有更多的样本,回归结果准确性更好。因此,本书利用瑞士洛桑国际管理学院IMD年鉴库1996—2014年数据,对世界59个国家和地区的民生发展影响因素及作用机制进行定量研究,旨在系统揭示经济发展、创新能力、基础设施、自然生态条件等硬实力对民生发展的直接作用效果,以及国家社会制度环境对民生与生产力互动发展机制的影响作用。

第二节　模型形式与估计方法

当不能满足样本独立性假设时,经典统计学分析方法得到的结果是有偏和非最优的,而空间数据普遍存在空间相关性,空间回归方法很好地解决了这一问题。早期的空间回归方法大多适用于截面数据,Anselin和Elhorst将空间截面模型加以推广,加入了面板模型的思想和方法,建立了空间面板数据模型。空间面板数据模型主要包括空间滞后面板模型和空间误差面板模型,这些模型大大拓展了空间模型的应用范围,有利于得到更准确、反映更多信息的研究结果。

空间滞后模型的基本形式为:

$$
\begin{cases}
Y_{it} = \rho\, W_n\, Y_{it} + X_{it}\,\beta + u_{it} \\
u_{it} = u_i + \varepsilon_{it} \\
\varepsilon_{it} \sim N(0, \sigma^2\, I_N)
\end{cases}
\tag{5-1}
$$

其中,Y_{it} 是被解释变量矩阵,X_{it} 是解释变量矩阵,W_n 是空间权重矩阵,$W_n Y_{it}$ 是被解释变量 Y_{it} 的空间自回归矩阵。$W_n Y_{it}$ 的回归系数如果通过显著性检验,说明一个国家的民生发展水平与本国的硬实力和社会制度环境相近国家的民生发展水平都存在相关关系,社会制度环境影响了民生与社会生产力的互动机制,使社会制度环境相近国家的民生发展产生扩散、溢出作用。β 为经济社会解释变量 X_{it} 的回归系数矩阵,u_{it} 是与各国民生水平有关的社会制度环境空间效应系数(存在固定效应和随机效应两种情况)。ε_{it} 是随机误差项,服从均值为 0、方差为 $\sigma^2 I_N$ 的正态分布。

空间误差模型的表达式为:

$$
\begin{cases}
Y_{it} = X_{it}\,\beta + u_{it} \\
u_{it} = \delta\, W_n u_{it} + \varepsilon_{it} \\
\varepsilon_{it} \sim N(0, \sigma^2\, I_N)
\end{cases}
\tag{5-2}
$$

δ 为截面被解释变量矩阵的空间误差系数,反映一国民生发展受社会制度环境相近国家的回归残差的影响程度,回归残差是民生发展未能被所选择硬实力解释变量解释的部分,说明一个国家对社会制度环境相近国家的影响还存在整体的结构性特征,并非只是民生发展水平之间的相互影响。ε_{it} 的意义与统计特征同上式。

对于空间滞后模型,用最小二乘法进行估计无法保证结果的无偏性和有效性,目前极大似然估计(Maximum Likelihood Estimate,MLE)更广泛地用于空间模型估计,此外还有两阶段最小二乘法(Two-Stage Least Squares Method,2SLS)和广义矩估计(Generalized Method of Moments,GMM)等。两种空间模型按照不同的假设条件都存在固定效应和随机效应两种模式,利用极大似然估计分别求解包括固定效应或随机效应的两种空间面板数据模型。

固定效应空间误差面板模型的对数极大似然函数为:

$$-\frac{NT}{2}ln(2\pi\sigma^2) + T\sum_{i=1}^{N}ln(1-\delta\omega_i) - \frac{1}{2\sigma^2}\sum_{t=1}^{T}ln(e_t^{'}e_t) \qquad (5-3)$$

$$e_t = (1-\delta W)[Y_t - \bar{Y} - (X_t - \bar{X})\beta] \qquad (5-4)$$

其中,$\bar{Y} = (\bar{Y}_1, \cdots, \bar{Y}_N)$,$\bar{X} = (\bar{X}_1, \cdots, \bar{X}_N)$。

固定效应空间滞后面板模型的对数极大似然函数为:

$$-\frac{NT}{2}ln(2\pi\sigma^2) + T\sum_{i=1}^{N}ln(1-\rho\omega_i) - \frac{1}{2\sigma^2}\sum_{t=1}^{T}ln(e_t^{'}e_t) \qquad (5-5)$$

$$e_t = (1-\rho W)(Y_t - \bar{Y}) - (X_t - \bar{X})\beta \qquad (5-6)$$

随机效应空间误差面板模型的对数极大似然函数为:

$$\frac{NT}{2}ln(2\pi\sigma^2) - \frac{1}{2}ln|T\theta^2 I_N + (B^{'}B)^{-1}| + (T-1)\sum_{i=1}^{N}ln(1-\delta\omega_i) -$$

$$\frac{1}{2\sigma^2}\tilde{e}^{'}\left[\frac{1}{T}\tau_T\tau_T^{'}x[T\theta^2 I_N + (B^{'}B)^{-1}]\right]\tilde{e} + \frac{1}{2\sigma^2}\tilde{e}^{'}\left(I_T - \frac{1}{T}\tau_T\tau_T^{'}\right)x(B^{'}B)\tilde{e}$$

$$(5-7)$$

其中,$\tilde{e} = (\tilde{e}_1, \cdots, \tilde{e}_T)$,$\tilde{e}_t = Y_t - X_t\beta$,$\theta^2 = \dfrac{\sigma_\mu^2}{\sigma^2}$

随机效应空间滞后面板模型的对数极大似然函数为:

$$-\frac{NT}{2}ln(2\pi\sigma^2) + \frac{N}{2}ln\theta^2 + T\sum_{i=1}^{N}ln(1-\rho\omega_i) - \frac{1}{2\sigma^2}\sum_{i=1}^{T}e_T^{'}e_T \qquad (5-8)$$

其中,$\theta^2 = \dfrac{\sigma^2}{T\sigma_\mu^2 + \sigma^2}$,$e_t = Y_t^* - X_t^*\beta$,$Y_t^* = BY_t - (1-\theta)\bar{Y}$,$X_t^* = (I_N - \rho W)X_t - ((1-\theta)\bar{X})$。

一般使用 Hausman 检验对固定效应和随机效应进行选择。而如何分辨空间滞后模型和误差模型哪种更为合适,则需要利用克罗内克积计算分块对角矩阵代替空间权重矩阵,将 Moran I 指数、SARMA 检验以及 Anselin 提出的两种拉格朗日乘数检验 LMerr 和 LMlag、稳健的拉格朗日乘数检验 RLMerr 和 RLMlag 扩展为适于对空间面板数据进行检验的形式并进一步选择，本文采用 Giovanni Millo 和 Gianfranco Piras 编写的 R 程序包进行估计与检验。

第三节　变量选择与统计描述

一、空间矩阵的设定

现有文献多使用地理邻近或地理距离矩阵构造空间权重矩阵，认为主体间的交流互动需要近距离的观察与往来，在国际贸易、创新效率溢出、资源产业依赖等研究领域得到了较好的分析结果。也有一些学者提出不拘于地理概念的邻近性观点，如 Boschma R.认为邻近维度包括认知邻近、组织邻近、社会邻近、制度邻近和地理邻近[1]，李琳和韩宝龙认为认知邻近对我国高技术产业集群创新产生影响[2]，王庆喜证明我国高技术产业由于技术邻近存在明显的知识溢出。[3] 我们认为社会制度环境越相近的国家，民生与生产力互动发展的模式和效率越相似，在改善民生问题上越容易交流、互动与学习。结合本书的研究目的，我们认为健全高效的法律制度是国民经济生产以及生产成果有效转化为民生物质资源的重要保障；作为主要民生问题的教育、医疗、社会保障水平的提高依赖于国家财政政策和财政实力，政府决策有效性、适应性以及清廉民主的政治风气也是保证经济社会平稳快速发展的重要因素；整个社会形成积极向上、平等、有责任感和正义感的氛围能够保障社会正常运转，使经济社会发展顺畅高效。因此，本书综合法律制度、政府管理、文化和价值观三个维度构建社会制度环境空间权重矩阵（指标见表 5-1，数据均来自 IMD 数据库），矩阵要素取对应国家之间社会制度环境综合得分绝对距离的互补数。

---

[1]　Boschama R.,"Proximity and innovation:a critical assessment", Regional Studies, Vol.39, No.1,2005.

[2]　李琳、韩宝龙：《地理与认知邻近对高技术产业集群创新影响——以我国软件产业集群为典型案例》，《地理研究》2011年第9期。

[3]　王庆喜：《多维邻近与我国高技术产业区域知识溢出—— 一项空间面板数据分析（1995—2010）》，《科学学研究》2013年第7期。

本文同时使用地理距离矩阵与社会制度环境矩阵的回归结果进行对比,矩阵要素取对应国家政治中心经纬度弧面距离平方的倒数。

表5-1　社会制度环境空间权重矩阵要素的评价指标体系

社会制度环境	指　　标
法律制度	法律框架有效性,竞争法有效性,劳动力管理有效性,失业法有效性,环境法有效性
政府管理	政府决策有效性,政策适应性,经济和社会改革有效性,政府透明度,官僚主义不盛行,政府支出占 GDP 比重(%),税收总额占 GDP 比重(%)
文化和价值观	社会凝聚力,社会责任感,社会价值观,民族文化,灵活性和适应性,贪污腐败不存在,工人动力,性别平等,机会平等,公平

表5-2　社会制度环境统计变量分布特征

维度	变量	最大值	最小值	均值	标准差	偏度	峰度
法律制度	法律框架有效性	8.164	0.190	4.711	1.733	−0.137	−0.402
	劳动力管理有效性	8.000	0.465	4.914	1.550	−0.442	0.298
	竞争法有效性	8.039	1.810	5.449	1.413	−0.341	−0.472
	环境法有效性	7.917	4.099	5.987	0.974	0.056	−0.854
	失业法有效性	7.115	2.226	4.663	1.241	−0.156	−0.719
政府管理	政府决策有效性	8.314	0.698	4.405	1.711	0.175	−0.403
	经济和社会改革有效性	8.042	2.884	5.597	1.167	−0.226	−0.518
	政府透明度	8.261	0.381	4.444	1.927	0.156	−0.791
	官僚主义不盛行	6.706	0.512	3.307	1.650	0.203	−0.988
	政策适应性	7.607	0.571	4.264	1.692	−0.103	−0.715
	政府支出占 GDP 比重	59.400	14.145	35.968	12.800	0.083	−1.036
	税收总额占 GDP 比重	47.913	9.054	27.482	10.464	0.181	−0.994

维度	变量	最大值	最小值	均值	标准差	偏度	峰度
文化和价值观	社会凝聚力	8.186	1.442	5.377	1.610	−0.112	−0.671
	社会责任感	7.541	3.509	5.660	1.052	−0.232	−0.797
	社会价值观	7.922	2.698	5.827	1.193	−0.270	−0.274
	民族文化	8.809	4.316	6.736	0.989	−0.449	0.191
	贪污腐败不存在	9.148	0.222	4.497	2.746	0.088	−1.611
	工人动力	7.942	3.571	5.790	1.224	−0.075	−0.902
	性别平等	0.610	0.045	0.228	0.147	0.771	−0.487
	机会平等	8.222	2.791	5.986	1.153	−0.261	−0.062
	公平	9.080	0.419	5.618	2.379	−0.155	−1.179
	灵活性和适应性	8.750	3.786	6.457	0.984	−0.604	1.017

对 2014 年 IMD 年鉴数据中的社会制度环境变量进行统计描述能够清楚地体现出各个国家或地区社会制度环境的不同维度的以及总体的发展水平，还可以对拥有相似社会制度环境的国家其民生发展差距有一个初步的认识，如表 5-2 所示。

对社会制度环境各个变量的原始值进行初步计算，得到各个变量取值的分布特点。首先，各个统计变量取值具有较好的区分度（性别平等软指标是联合国开发计划署拟合的变量，取值在 0 到 1 之间，其他软指标取值在 0 到 10 之间）。其次，大多数统计变量呈现左偏分布特征，比如，法律框架有效性、劳动力管理有效性等，说明这些变量有一些国家得分值很小，使曲线左侧尾部拖得很长；也有少数变量呈现右偏分布特征，比如环境法有效性、政府决策有效性等，说明这些变量有一些国家得分值很大，使曲线右侧尾部拖得很长。最后，大部分统计变量呈现平峰分布特征，即概率分布曲线比正态分布的更加分散，只有劳动力管理有效性、民族文化、灵活和适应性变量的样本值比正态分

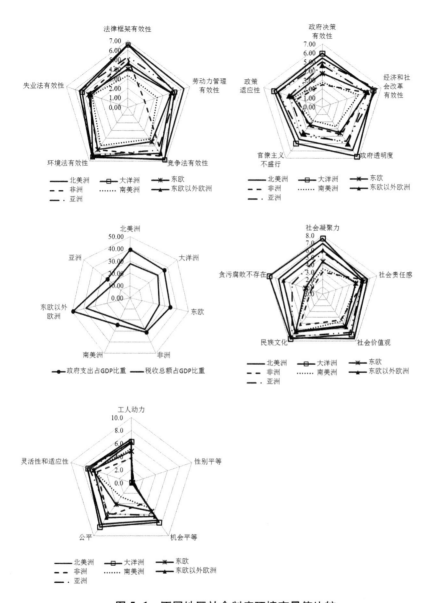

图5-1　不同地区社会制度环境变量值比较

布更加集中在平均数周围。比较不同地区的社会制度环境变量值(如图5-1所示),总体来看,北美洲、大洋洲(样本包括澳大利亚和新西兰)和东欧以外欧洲国家的社会制度环境变量取值较好,其次是亚洲,南美洲和非洲国家在较

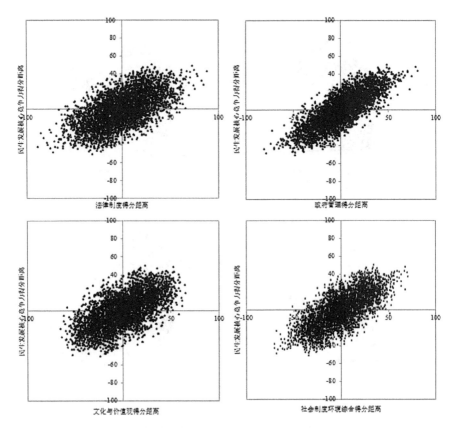

图 5-2　社会制度环境得分距离与民生发展核心竞争力得分距离散点图

多的变量上得分低,这与民生发展核心要素的国际分布格局比较相似。从不同维度来看,北美洲和大洋洲国家的法律制度变量评价得分较高,由于亚洲样本中包括新加坡、日本、韩国等发达国家,亚洲国家在失业法有效性、环境法有效性、劳动力管理有效性方面也有较好的平均水平,南非的竞争法有效性变量具有较高得分。政府管理制度维度中,北美洲、大洋洲、东欧以外欧洲和亚洲国家拥有较高的变量值,东欧以外欧洲在政府支出占 GDP 比重和税收总额占GDP 比重变量的取值远高于其他地区。

　　本部分内容想要证明社会制度环境越相近的国家,民生发展模式越相近。比较两两国家之间社会制度环境得分差距和民生发展核心竞争力得分差距,从散点图 5-2 可以看到,社会制度环境得分与民生发展核心竞争力得分基本呈现出正相关关系,即社会制度环境得分越相近的国家,民生发展水平差距越小,说明本部分想要证明的问题有可能得到证实。从社会制度环境三个不同维度也呈现出两者之间的正相关关系,其中政府管理与民生发展的正相关关系更加明显,说明政府管理对民生发展的影响在社会制度环境中最强,这需要从模型计算结果中进一步加以验证。

二、解释变量的选取

为了进行回归分析,需要从 IMD 数据库中,包括经济实力、国际化、金融体系、基础设施、企业管理、科学技术和国民素质方面的 100 多个指标中选出最可能影响民生发展的指标。由于民生发展与社会生产力存在双向关系,LASSO、弹性网等变量选择方法不再适用。我们结合了典型相关分析和聚类分析的方法和优势,首先利用典型相关方法找出各要素与民生发展得分相关程度最高的指标集(在通过显著性检验前提下,结合典型权重和典型载荷,选择对更多典型变量有解释作用的指标),代表最有可能影响民生发展的那些方面。此时各指标集内指标高度相关,为了降低回归分析存在多重共线性的可能,我们再对各指标集内的指标进行聚类,依据系统聚类谱系图采取不同分类阈值得到的结果判断指标信息间的相关程度,最终选择企业R&D 比重(BRD)、综合生产率(TFP)、财政技能(FS)、科技应用与发展(DAT)、银行和金融服务(BFS)、外贸依存度(TGR)、能源使用强度(EIT)、可获得洁净水(AW)、能源基础设施(EIF)、工资水平(CL)和基尼系数(GN)共 11 个指标作为民生发展水平的解释变量。这些解释变量基本包含了目前已有主观生活质量影响因素研究中所考虑的硬实力方面。本文构建的民生发展影响因素空间面板数据模型具体形式如下,各回归系数含义见公式 5-1 和 5-2。

$$y_{it} = \alpha_0 + \alpha_1 BRD_{it} + \alpha_2 TFP_{it} + \alpha_3 FS_{it} + \alpha_4 DAT_{it} + \alpha_5 BFS_{it} + \alpha_6 TGR_{it} + \alpha_7 EIT_{it} + \alpha_8 AW_{it} + \alpha_9 EIF_{it} + \alpha_{10} CL_{it} + \alpha_{11} GNC_{it} + \rho \sum_j w_{ij} y_{jt} + \varepsilon_{it} \qquad (5\text{-}9)$$

$$y_{it} = \beta_0 + \beta_1 BRD_{it} + \beta_2 TFP_{it} + \beta_3 FS_{it} + \beta_4 DAT_{it} + \beta_5 BFS_{it} + \beta_6 TGR_{it} + \beta_7 EIT_{it} + \beta_8 AW_{it} + \beta_9 EIF_{it} + \beta_{10} CL_{it} + \beta_{11} GNC_{it} + \delta \sum_j w_{ij} u_{jt} + \varepsilon_{it} \qquad (5\text{-}10)$$

第四节　实证结果与解释分析

一、模型设定检验

在对空间面板数据模型进行参数估计之前,需要首先检验 11 个解释变量对各国家或地区民生发展得分用普通最小二乘法回归的残差是否存在空间相关性。由表 5-3 可见,所有空间相关性检验的统计值均通过显著性检验,说明空间上距离近的或者社会制度环境相近的国家或地区民生发展水平存在明显的空间集聚特征。这一结果不但为前文的经验推断提供了证据支持,同时也说明采用不包括空间要素的模型来考虑民生发展的影响因素将会得到有偏误的结果。通过比较拉格朗日乘数检验结果可以看到,LMlag 与 RLMlag 比 LMerr 与 RLMlag 的显著性水平更高,说明本部分使用空间滞后面板模型略好。同时,Hausman 检验结果显示在 0.10 显著性水平下,利用固定效应模型进行参数估计更为恰当。根据以上检验结果,我们最终选择有固定效应的空间滞后面板模型作为下文分析的依据。

二、模型估计结果及讨论

首先对比空间权重矩阵与社会制度环境权重矩阵的应用效果,参数估计结果见表 5-3。为了进行对比,表 5-3 还列出了传统面板模型个体固定效应的分析结果。由于各国民生发展模式会依据社会经济发展策略的不同而存在差异,选择个体固定效应空间滞后模型进行分析更为合适。通过比较得到结论如表 5-4 所示。

表 5-3　模型设定检验结果

检验项目	检验方法	地理权重矩阵		社会制度环境权重矩阵	
		检验值	P 值	检验值	P 值
是否存在空间自相关	Moran I	9.1801	<0.0001	8.7091	<0.0001
	LMerr	83.1073	<0.0001	69.3372	<0.0001

续表

检验项目	检验方法	地理权重矩阵		社会制度环境权重矩阵	
		检验值	P 值	检验值	P 值
是否存在空间自相关	LMlag	109. 1328	<0. 0001	122. 9164	<0. 0001
	RLMerr	12. 0546	0. 0005	6. 4975	0. 0108
	RLMlag	38. 0901	<0. 0001	60. 0767	<0. 0001
	SARMA	121. 1874	<0. 0001	129. 4139	<0. 0001
固定效应还是随机效应	Hausman	17. 8184	0. 0859	101. 8368	<0. 0001

表 5-4 民生发展影响因素回归结果

空间回归系数与解释变量	传统面板模型	地理权重	社会制度环境权重	空间回归系数与解释变量	传统面板模型	地理权重	社会制度环境权重
Rho	—	0. 4324 (14. 5171) ***	0. 8575 (32. 1848) ***	TGR	0. 0140 (1. 1920)	−0. 0033 (−0. 3224)	−0. 0016 (−0. 1691)
BRD	3. 2176 (7. 0354) ***	2. 5217 (6. 2889) ***	1. 6896 (4. 6650) ***	EIT	$-9.5854×10^{-6}$ (−1. 9240) *	$2.6635×10^{-6}$ (0. 6098)	$1.9164×10^{-5}$ (4. 8571) ***
TFP	0. 0002 (13. 5012) ***	0. 0001 (10. 1126) ***	$4.1526×10^{-5}$ (4. 1870) ***	AW	0. 5613 (2. 4574) **	0. 2559 (1. 2778)	0. 1274 (0. 7041)
FS	0. 7266 (4. 3486) ***	0. 6854 (4. 6787) ***	0. 6882 (5. 2010) ***	EIF	−0. 0232 (−0. 2220)	0. 0761 (0. 8324)	0. 1328 (1. 6078)
DAT	2. 2579 (7. 8109) ***	2. 1699 (8. 5614) ***	2. 1254 (9. 2843) ***	CL	0. 1881 (4. 7769) ***	0. 1266 (3. 6660) ***	0. 1252 (4. 0137) ***
BFS	0. 4386 (3. 5860) ***	0. 4754 (4. 4327) ***	0. 7222 (7. 4560) ***	GN	0. 0370 (1. 4626)	0. 0449 (2. 0248) **	0. 0398 (1. 9856) **

注:括号内为 t 检验值,"***"、"**"和"*"分别代表在 0.01、0.05、0.1 水平下显著。

第一,从普通面板模型与空间模型回归系数的比较中发现,地理权重矩阵和社会制度环境权重矩阵得到的回归系数的显著性和符号基本相同,能够反映出结果的稳健性,但在普通面板回归中,基尼系数和水资源基础设施的显著性检验结果发生改变,外贸依存度、能源强度、能源设施的回归系数符号与前两者相反。由此可见,在民生发展数据存在空间相关的情况下,普通面板估计的回归结果准确性较差,应谨慎使用。

第二,由空间自回归矩阵系数 λ 的值比较两种空间权重下的民生发展空间相关性,结果显示 λ 都大于零,且社会制度环境权重矩阵条件下 λ 的取值大于地理权重矩阵的取值。这说明各国的民生发展与地理邻近国家和社会制度环境相近国家之间都存在溢出作用;且有大部分国家之所以社会制度环境相近,重要原因是空间上邻近导致社会经济发展历史背景和发展模式更加相似,使民生与生产力的互动机制更相似,因此可以说,由社会制度环境相似国家民生发展的溢出效果中包括了由地理邻近产生的溢出效应。

第三,一个国家经济与金融发展、创新实力、劳动力素质与收入分配对民生发展的影响作用显著。在两种空间权重矩阵下得到的民生发展影响因素回归系数及显著性水平相近,说明回归结果稳定性较好,通过回归结果分析得到硬实力要素作用效果解释的正确性较好。企业 R&D 投入比重、综合生产率、员工财政技能、科技的应用与发展、银行和金融服务能力、能源使用强度、工资水平和基尼系数的回归系数通过了显著性检验,说明这些指标所反映出的硬实力是一国民生发展的重要影响因素。而外贸依存度、水资源基础设施和能源基础设施在全样本条件下没有通过回归系数显著性检验。

综合生产率与银行和金融服务能力的回归系数通过显著性检验说明,一个国家的经济和金融发展对改善民生有重要作用。民生发展必须要以生产力发展为物质保障和基础条件,只有建立民生与生产力的互动机制,才能实现更好的可持续的发展。同时,完善而高效的金融系统对提高资金融通能力和效率、支持生产力与民生互动发展发挥着重要作用。由此也证明,Veenhoven 和 Hagerty 等人对主观生活质量研究的结论不全适于侧重客观条件的民生问题的研究。

企业 R&D 投入比重及创新应用和发展反映了一个国家的创新实力,科技创新不仅能提高民生产品和民生服务的质量和效用,使人们生活更加便利、舒适,甚至会使生活方式产生革命性变化,使民生水平产生质的飞跃。企业 R&D 投入比重回归系数统计显著再次证明了企业创新是国家创新体系核心的理论,而科技创新只有得到应用、创造价值,并实现持续的发展,才能充分发挥对生产力与民生发展的重要作用。

员工财政技能、工资水平和基尼系数代表了一个国家的劳动力素质和收入分配情况。劳动力素质提高带来收入增长,而收入增长带来劳动力生活水平提高,并有更多的资源提高自身素质,二者协同发展会对民生发展产生直接的促进作用。而基尼系数的回归系数为正可以解释为存在适当的收入差距能够鼓励提高社会资源的利用效率,有益于调动整个社会的生产积极性和劳动效率,进一步带来民生发展能力的提高。

能源使用强度既能够代表一国经济生产的能源使用效率及环境保护意识,还会受当地经济结构的影响。能源使用强度的回归系数为正,代表在国际层面上能源使用对民生发展的作用更多地体现在提高工业化水平、增强社会生产能力以推动民生水平提高这一更基础的作用层面,而还没有发展到提高能源使用效率和保护环境成为社会发展与改善民生的主要矛盾的更高级的作用层面,但这必然会成为实现工业化与经济社会高水平发展之后推动民生发展的未来趋势。

三、社会制度环境不同维度对民生发展的作用比较

前文的分析是建立在社会制度环境空间权重矩阵的基础之上的,代表社会制度环境综合水平对民生与生产力互动发展机制的影响作用。但法律制度、政府管理、文化和价值观在经济社会发展中的作用机制是互不相同的,本部分从社会制度环境三个维度分别构建空间权重矩阵,以比较不同维度对民生与生产力互动发展的作用效果,回归结果如表5-5所示。

第一,利用 Moran I 和拉格朗日乘数检验法对民生发展是否存在空间相关性进行检验,得到分别在法律制度、政府管理、文化和价值观三种空间权重矩阵条件下,Moran I 值都高度显著,说明三种社会制度环境要素都影响了民生与生产力的互动发展并产生空间溢出性;三种社会制度环境空间矩阵下,四种拉格朗日乘数检验结果都显著,但 LMlag 与 RLMlag 的显著性水平更高,因此此处使用空间滞后面板模型要优于空间误差面板模型;Hausman 检验结果均通过显著性检验,说明固定效应模型更适合于本文研究。综上所述,对三种

社会制度环境要素空间权重矩阵下的民生发展影响因素分析同样更适合采用具有固定效应的空间滞后面板模型。

第二,法律制度、政府管理、文化和价值观的空间自回归矩阵系数不同,系数较大的是政府管理,其次是法律制度,文化和价值观的系数相对较小。三种社会制度环境的回归系数之所以有差别,是因为它们的作用机制不同。政府性质和政治目标决定国家处理民生与生产力关系的思路和方式,政府作风和政治风气会影响政府政策制定有效性和实施效果,而教育卫生和社会保障事业的发展都直接依靠政府财政,并受到政府管理能力的制约,因此对民生发展的影响作用在三者之中最大。法律制度是运用法律规范调整各种社会关系,对民生与生产力互动机制中起决定作用的市场规则设计、生产与分配关系、积累与消费关系进行规定和协调,决定资源利用和民生发展效率。文化和价值观是国家社会制度环境的核心,代表人民普遍持有的精神规范和价值取向,文化和价值观的形成必然要依赖于社会物质基础,同时社会的精神风貌与思维逻辑惯性能够对上至国家政策制定方法、下至基层工作者的劳动热情产生重要的影响与渗透作用,也会影响民生与生产力互动发展的效率和结果,但作用方式不如前两种社会制度环境直接,作用效果也不及前两种明显。但是,一个国家的这三种社会制度环境是相互影响、相互制约的,其发展水平不会有太大差距,因此从定量角度研究的空间权重矩阵回归系数也比较相近。

第三,在不同社会制度环境权重矩阵下得到的硬实力解释变量回归系数取值和显著性检验结果基本一致,可以说明回归结果稳健性较好,经济与金融发展、创新实力、劳动力素质与收入分配对民生发展的影响作用显著。唯一有所不同的是在政府管理权重矩阵条件下,能源基础设施是否能够满足经济发展需求这一解释变量的回归系数变大,且通过了 0.10 水平的显著性检验,而另外两个社会制度环境要素空间权重矩阵下仍然没有通过回归系数的显著性检验,这说明法律制度与文化价值观发挥对民生的作用较少通过基础设施建设的途径,而政府通过提高基础设施投入和建设水平以支持、推动民生与生产力发展的策略和结果是积极有效的。

表 5-5　基于社会制度环境维度和国家发展阶段层面的回归结果

空间回归系数与解释变量	依社会制度环境维度构建权重矩阵				依国家发展阶段划分样本	
	综合社会制度环境	法律制度	政府管理	文化价值观	发达国家	发展中国家
Rho	0.8575 (32.1848)***	0.8570 (32.2038)***	0.8594 (32.6685)***	0.8551 (32.0422)***	1.3096 (12.0598)***	1.4037 (14.3642)***
BRD	1.6896 (4.6650)***	1.7048 (4.7037)***	1.6805 (4.6415)***	1.6850 (4.6508)***	1.4803 (4.1869)***	3.1714 (3.2857)***
TFP	4.1526×10^{-5} (4.1870)***	4.1442×10^{-5} (4.1758)***	4.2215×10^{-5} (4.2581)***	4.1463×10^{-5} (4.1795)***	8.8003×10^{-5} (7.5943)***	7.5372×10^{-5} (5.2767)***
FS	0.6882 (5.2010)***	0.6879 (5.1953)***	0.6934 (5.2423)***	0.6893 (5.2079)***	0.9320 (5.1629)***	1.0127 (4.7907)***
DAT	2.1254 (9.2843)***	2.1284 (9.2913)***	2.1159 (9.2461)***	2.1276 (9.2913)***	1.2516 (4.7694)***	2.9905 (7.8381)***
BFS	0.7222 (7.4560)***	0.7209 (7.4376)***	0.7209 (7.4446)***	0.7194 (7.4241)***	0.5756 (6.0352)***	0.0974 (0.4885)
TGR	−0.0016 (−0.1691)	−0.0015 (−0.1574)	−0.0016 (−0.1675)	−0.0016 (−0.1675)	−0.0052 (−0.5355)	−0.0345 (−2.0140)**
EIT	1.9164×10^{-5} (4.8571)***	1.9138×10^{-5} (4.8474)***	1.9132×10^{-5} (4.8510)***	1.9156×10^{-5} (4.8539)***	-7.8765×10^{-5} (−2.2683)**	2.5361×10^{-5} (4.7040)***
AW	0.1274 (0.7041)	0.1223 (0.6759)	0.1356 (0.7500)	0.1303 (0.7201)	0.5382 (2.4111)**	−0.3627 (−1.2444)
EIF	0.1328 (1.6078)	0.1322 (1.5989)	0.1386 (1.6786)*	0.1294 (1.5660)	0.2227 (1.6796)*	0.1444 (1.2639)
CL	0.1252 (4.0137)***	0.1257 (4.0297)***	0.1261 (4.0457)***	0.1221 (3.9154)***	0.1400 (3.0618)***	0.2964 (7.0804)***
GN	0.0398 (1.9856)**	0.0396 (1.9779)**	0.0394 (1.9672)**	0.0401 (1.9997)**	−0.0225 (−0.2255)	0.3780 (2.7340)***

注:括号内为 t 检验值,"***"、"**"和"*"分别代表在 0.01、0.05、0.10 水平下显著。

四、不同国家发展水平下竞争力对民生发展的影响效果比较

　　第一,分别利用 Moran I、拉格朗日乘数检验法对民生发展是否存在空间相关性进行检验的结果,以及利用 Hausman 检验选择固定效应与随机效应的结果与上文对三个社会制度环境维度权重矩阵的检验结果基本一致,因此对

发达国家和发展中国家样本分别进行空间面板回归依然适合用具有固定效应的空间滞后面板模型。

第二,依据发达国家和发展中国家分割样本得到的空间自回归矩阵系数都统计显著,参数值分别为 1.31 和 1.40,明显大于混合样本的 0.86,这是因为发展水平越相近的国家民生发展溢出作用越强、越明显,而在混合样本中除此之外还包括了不同发展水平国家之间的较小的溢出影响,拉低了平均作用效果。发展中国家样本的系数略大于发达国家,除了因为发展中国家之间的民生发展差异小于发达国家之间的差异外,也有可能是因为社会制度环境对发展中国家的民生与生产力发展机制的边际影响更大。

第三,国家创新实力、社会生产效率和能源消耗强度、劳动力素质与收入水平方面体现出的硬实力在两个分割样本条件下都通过了回归系数的显著性检验,说明对发达国家和发展中国家的民生发展同样发挥着重要作用。唯独发达国家能源使用强度的回归系数变为负数,而发展中国家仍然为正数,说明发展中国家发展经济生产、提高工业化水平对改善民生的作用更重要,而发达国家在社会经济已经有较高发展程度的条件下,从环境保护角度出发提高能源利用效率已成为推动民生发展的侧重点,这个结果证明了前文对总体样本条件下能源消耗强度回归系数为正的解释是合理的。同时,反映国家创新实力和工资水平的硬实力变量,在发展中国家样本的回归系数明显大于发达国家,说明这些要素在发展中国家对民生发展的边际效率更大,影响程度更高。

在国家发展不同阶段,不同硬实力要素推动民生发展的有效性会发生变化,体现在两个分割样本的硬实力解释变量回归系数的显著性与全样本存在不同之处。发展中国家样本下银行和金融服务有效性的回归系数没有通过显著性检验,而外贸依存度的回归系数通过显著性检验。这说明发展中国家金融系统发展相对不成熟,尚无法实现对社会生产力发展的有力支持。发展中国家国内经济水平、经济结构以及经济发展调控能力的成熟度不高,利用对外贸易强化本国优势、补充发展劣势的能力较差,发展对外贸易大多通过输出劳动密集型和资源密集型等附加值低的商品取得廉价的收入、获取更多的低端就业机会,而在这种发展模式下难以保障劳动力的生存、生活质量和应有权益,难以提高社会保障水平,并且使本国经济向产业链上游发展的势力受到排挤,影响生产力转型升级进而无法全面发挥对改善民生的作用,对民生发展形成阻碍。

发达国家样本的水资源基础设施和能源基础设施变量的回归系数通过显著性检验,说明在全样本条件下没有通过显著检验的原因在于发展中国家。基础设施建设和自然生态环境对民生发展的作用不同于生产力和科技创新的直接驱动作用,而是起到基础条件和支撑环境作用,而发展中国家通过显著性检验的影响要素更多的是关于经济发展和收入分配的方面,受到有最直接作用因素的影响更有效果。发达国家基尼系数虽然没有通过回归系数显著性检验,但其值已变为负数,可以说明前文所分析的存在适当收入差距有益于激活经济发展、提高资源利用效率的效用在发展中国家更加明显,而发达国家可能更重视减少收入差距对社会稳定和民生发展的作用,或者至少不需要通过收入差距来刺激生产力和民生发展,且处于更高层次的生活生产条件和环保意识等问题更能推动民生与生产力的互动发展。

本章利用1996—2014年59个国家和地区的竞争力面板数据,通过建立具有固定效应的空间滞后面板模型等方法,分别从总体、社会制度环境维度和国家发展阶段三个层面考察国家竞争力对民生发展的作用机制。主要得出以下结论:

第一,民生发展存在明显的空间相关性,由社会制度环境相似国家民生发展的溢出效果中包括了由地理邻近产生的溢出效应,从国家社会制度环境视角构建空间权重矩阵对民生发展问题进行更为全面、稳健的分析是必要的。

第二,代表国家社会制度环境的法律制度、政府管理、文化和价值观影响民生与生产力互动发展机制,政府管理发挥作用最直接、效果最明显,其次是法律制度,文化和价值观对社会经济发展起到协调和促进作用,作用强度相对较小。国家发展阶段越相近的国家之间民生发展的溢出作用越强烈,社会制度环境对发展中国家的边际影响可能更大。

第三,代表国家硬实力的生产效率、创新实力、劳动力素质与收入分配情况对民生发展的影响始终是积极而显著的。研究结果表明,一国政府通过提高基础设施投入和建设水平来支持民生发展的策略和结果积极有效。不同硬实力要素在经济社会发展不同阶段推动民生发展的作用效果会发生变化，提高创新实力和工资水平对发展中国家民生发展的边际效益更大，存在适当收入差距有益于激活经济发展、提高资源利用效率，但金融系统发展相对不成熟难以支持社会生产力发展，现阶段对外贸易模式难以形成推动民生发展的有力手段。而发达国家社会经济发展已达到较高水平，基础设施建设和自然生态环境作为发展基础和支撑条件的作用更显著，提高能源使用效率、提高环境保护意识和减少收入差距已成为推动民生发展和社会进步的主要矛盾层面。

上面结论对我国改善民生的政策含义是显而易见的。要想有效改善民生，就必须不断提高我国的国家竞争力。在硬实力方面，通过提高劳动力综合素质提升收入水平对改善民生的作用最为直接；为民生发展提供物质基础和保障的关键在于充分发挥市场在资源配置中的决定作用，不断提高生产效率、推进产业升级和结构优化；提高国家创新实力的重点在于提高企业的创新能力，提高科技创新的应用水平和可持续发展能力；无论从我国的现实情况还是从未来发展趋势来看，加强民生基础设施建设、控制收入差距、加强金融创新和金融体系建设、发展低碳经济和循环经济都是通过提高我国硬实力以推动民生发展的重要方面。

在社会制度环境方面，各级政府必须摒弃唯GDP的发展目标，积极实行以推动民生与生产力互动、可持续发展为核心的社会经济发展战略和考核制度，稳步提高对教育卫生事业和社会保障资金的投入力度，提高政府管理效率和透明度；建立健全保障民生的法律制度是当务之急，扭转当前改善民生主要依靠政治命令和"民生礼包"的现状，通过立法处理好生产与消费、积累与消费的关系，使我国民生发展更加具有稳定性和前瞻性，使民生发展体系更加完整、结构更加合理，并建立监督与制约机制，减小地区间差距，使人民对保护自身的生存、生活和发展权益有法可依；重视文化和价值观对社会经济发展的协调和推动作用，积极鼓励与引导个人和企业通过不断吸收优秀传统文化和价值观提高个人修养、建立企业文化，提高社会凝聚力、培养社会责任感，使民生与生产力互动发展更加高效、有序、和谐。

第 六 章

民生发展水平及影响因素研究

第六、七、八章是本文的核心章节,分别探讨了世界不同国家民生发展三个维度的分布格局,采用统计方法找出影响民生发展三个维度的经济社会因素,并考察在国家发展的不同阶段,民生发展影响因素及其作用效果会有怎样的变化。具体的,第六章利用统计方法选出了对民生发展水平产生最主要影响作用的经济社会因素,并分析民生发展水平不同阶段各因素的影响作用效果及变化趋势;第七章主要研究民生发展效率,以健康投入转化效率为例,在计算各国健康投入转化综合效率、纯技术效率和规模效率基础上,探讨影响各国健康投入转化效率的社会经济因素;第八章主要研究民生发展均等化情况,根据数据可获得性,用 Gini 系数作为各国民生发展均等化水平的代表变量,用统计方法筛选出影响各国民生发展均等化水平的社会经济因素并考察随发展阶段不同,影响效果发生的变化。

本章共分为四节,第一节对本部分所用分位回归模型的思想和重要步骤进行说明;第二节主要是统计描述,包括对各国民生发展核心竞争力水平进行统计描述,根据研究对象的空间和发展特点进行分组和比较,以及对通过逐步回归选出的民生发展水平影响因素进行统计描述;第三节对回归结果进行检验并对其所反映出的规律进行解释,对比不同组国家的民生发展水平影响因素影响作用的差异,与后两章结论形成比较;第四节是对本章研究分析过程及结果的总结。

第一节　模型形式与估计方法

本文运用回归方法以从定量的角度研究哪些因素显著地影响了民生水平的发展,而传统回归方法主要是基于解释变量来估计被解释变量的均值,不能看到整个民生得分分布的影响结果,且回归假设较为严格,如有违反则回归效果会变得很差。Koenker 和 Bassett 在 1978 年引入分位数回归,将条件分位数模型化为预测变量的函数,使研究可以更加全面的理解因变量的分布是如何受到预测变量的影响,包括形状变化等信息,解决了均值回归在方差齐性假设、正态性假设以及单一模型假设被违反时所带来的失效问题,回归结果更加稳健。分位回归技术的这些优点非常适合于民生指数影响因素的分析。民生指数分位数回归采用最小一乘法,基本表达式为:

$$y_q(x_i) = x_i' \beta_q \tag{6-1}$$

其中,y_q 为 q 分位上的民生指数得分,x_i 为影响因素向量;β_q 为 q 分位上的回归系数,其估计值可以由以下最小化问题定义:

$$\min_{\beta_q} \left[\sum_{i:y_i \geq x_i'\beta_q}^n q|y_i - x_i'\beta_q| + \sum_{i:y_i < x_i'\beta_q}^n (1-q)|y_i - x_i'\beta_q| \right] \tag{6-2}$$

其中,当 $q = 1/2$ 时,就是中位数回归。中位数回归不易受到极端值影响,回归结果更加稳健。目前,参数回归、半参数回归和非参数回归模型都发展出了对分位回归的模型方法。对于 q 分位数回归,通常使用伪 R^2 代表其拟合优度,其表达式是:

$$1 - \frac{\sum_{i:y_i \geq x_i'\widehat{\beta}_q}^n q|y_i - x_i'\widehat{\beta}_q| + \sum_{i:y_i < x_i'\widehat{\beta}_q}^n (1-q)|y_i - x_i'\widehat{\beta}_q|}{\sum_{i:y_i \geq \widehat{y_q}}^n q|y_i - \widehat{y_q}| + \sum_{i:y_i < \widehat{y_q}}^n (1-q)|y_i - \widehat{y_q}|} \tag{6-3}$$

其中,$\widehat{y_q}$ 为样本 q 分位数。

第二节　变量选择与统计描述

本部分所采用的数据均来自瑞士洛桑国际管理学院 IMD 数据库,包括1996—2014 年 59 个国家和地区的指标。第三章主要从民生与生产力互动发展角度进行对比分析,本章更侧重于分析民生核心要素的发展水平及影响因素。根据第三章的计算结果,绘制出 1996—2014 年 59 个国家和地区民生发展核心竞争力得分的直方图和密度估计曲线,如图 6-1 所示。可以看出,密度估计曲线从扁平形态逐步发展为双峰形态,最后接近于正态分布,民生发展水平的世界发展格局发生了明显变化。1996 年,各国民生发展水平比较分散,没有明显的集中趋势;到 2000 年,各国民生发展水平在中等偏下和中等偏上两个区域开始集中,民生发展的后进国家和先进国家之间存在明显的对比;在这之后,处于中等偏下位置的国家民生发展水平迅速提高,使得样本的概率密度图在 2009 年左右基本形成倒钟形形态,2014 年最接近正态分布。在近 20 年的时间里,民生发展世界格局发生了明显变化,接下来的实证分析主要讨论导致这些变化发生的因素。

为了初步描述民生发展水平世界格局并有益于后续研究细分样本,对 59 个国家和地区划分出 8 大区域,如表 6-1 所示。首先,依据地理位置,59 个国家分布在五大洲,各大洲内部的国家更具相似性;其次,亚洲的发达国家(如日本、新加坡)和发展中国家(如中国、印度)之间的民生发展差距较大,且中东地区的发展模式和亚洲其他地区完全不同,因此亚洲国家适合分为 3 组进行分析;第三,欧洲国家的情况不尽相同,英国与北美、大洋洲的发展模式比较相近,属于盎格鲁·撒克逊模式,德国、瑞士等国则属于莱茵模式,东欧国家由于历史原因与其他欧洲国家处于不同的发展阶段,因此也适合将欧洲国家分为 3 组。综上,本部分将 59 个国家和地区分为亚洲发达地区、亚洲发展中地区、中东地区、英美加澳新、东欧、东欧以外欧洲、南美、非洲共 8 组。为了找到影响一国民生发展水平的主要因素,本文采用逐步回归方法筛选哪些变量对民生指数得分具有统计上的显著作用。我们认为人们的生存和生活、发展权利和权益保护是民生发展的根本,生产力发展是民生发展的持续动力支持,环境和基础设施等发展是民生发展保障的公共条件,收入、人口再生产和社会制度构成连接民生发展与生产力和基础力之间的纽带力,总体上形成了一个大的系统循环的持续发展,因此考虑对民生水平有影响作用的变量就从这 3 个方面,包括生产力、环境和基础设施、收入、人口和社会环境等进行选择。从 IMD 数据库中可以得到 88 个相关指标,为了

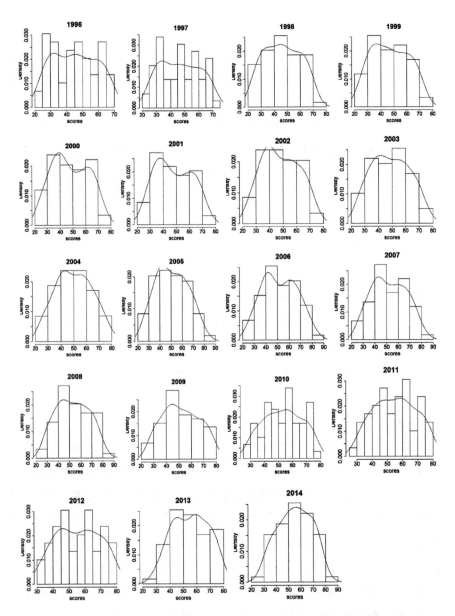

图6-1 1996—2014年59个国家和地区民生发展水平分布格局变化趋势图

从中选出对民生指数有显著作用的指标,本文运用逐步回归法对变量进行选择,回归结果如表6-2。

表 6-1　1996 年和 2014 年 59 个国家或地区民生指数得分分布情况

年份	统计量	亚洲发达地区	亚洲发展中地区	中东	英美加澳新	东欧	东欧以外欧洲	南美	非洲	合计
1996	均值	50.4	32.0	41.4	57.9	38.9	56.0	28.9	26.9	44.5
	标准差	6.92	4.30	6.74	5.77	7.86	9.62	3.99	—	12.91
	最小值	41	27	37	49	28	40	23	27	23
	最大值	58	37	51	64	53	67	33	27	67
2014	均值	64.8	44.0	57.1	71.2	50.7	68.8	43.6	39.2	57.6
	标准差	5.54	10.41	12.00	3.96	8.43	9.88	6.47	—	13.59
	最小值	59	35	41	67	41	46	37	39	35
	最大值	72	60	69	76	68	80	55	39	80

表 6-2　逐步回归结果

模型	AdjR^2	标准误	变量数	变量所属范围					
				收入	人口结构	社会环境	基础设施	自然环境	生产力
1	0.901	4.54909	5	1	1	1	1	0	1
2	0.951	3.18739	15	1	3	5	3	1	2
3	0.969	2.56347	47	4	5	13	6	7	12

由逐步回归结果可以看出,模型 1 所选变量包括制造业工人薪资水平、不适当行为在公共领域不盛行、15 岁以下人口比重、人均宽带带宽以及金融与银行有效性,分别归属于收入、人口结构、社会环境、基础设施和生产力 5 个方面,可解释民生水平 90%以上的信息,说明这些方面对民生水平具有较好的解释能力;模型 2 和模型 3 分别可以解释民生指数 95%和 96.9%以上的信息,分别包括 15 和 47 个解释变量。从所选变量的所属范围来看,社会环境与民生水平最为密切。由于模型 1 的解释力及标准差与其他模型比较接近,且为了防止变量过多引发多重共线性问题,本文采用模型 1 中的变量对民生指数进行分位回归,自变量的统计特征如下表所示。

表 6-3　解释变量的统计描述

变　量	所代表意义	样本数	均值	标准差	最小值	最大值
制造业工人薪资水平 （美元/人·小时）	普通劳动者收入	1121	9.30	9.15	0.11	51.10
不适当行为（如贪污或 腐败）在公共领域不盛行	行政廉洁水平	1121	4.45	2.65	0.34	9.65
15 岁以下人口比重（%）	抚养比率	1121	21.42	6.52	11.40	40.76
人均宽带带宽（kbps）	信息基础设施	1121	87.53	105.81	0.03	408.75
金融与银行有效性	生产力水平	1121	6.40	1.46	2.23	9.38

第三节　实证结果与解释分析

一、回归结果检验

用 1996—2014 年 59 个国家和地区的制造业工人的薪资水平、不适当行为在公共领域不盛行、15 岁以下人口比重、人均宽带带宽以及金融与银行制度有效性对民生指数进行回归，运用 R 软件的分位回归函数计算所得结果如表 6-4 所示。回归系数在所有分位点上均在 1% 水平下显著。从 Pseudo R^2（伪 R^2）来看，回归曲线在低尾和上尾处的拟合效果相对更好，这与民生得分最高和最低处国家少且集中有关。

OLS 回归结果表明，除了 15 岁以下人口比重有显著的负向影响，其他 4 个自变量都对民生水平产生显著的正向影响。但不同于 OLS 衡量自变量对民生水平均值的影响程度，分位回归更能体现随着民生水平发展的各个阶段，自变量对其影响程度也发生着变化。同时，比较 5 个变量对因变量 5、25、50、75 和 95 分位数的作用机制是否相同，可得 F 值为 4.2808，p 值远小于 0.01，因此从计算结果也可以认为自变量在 5 个分位数处的影响程度不同。

表 6-4 民生指数回归的估计结果(OLS 与分位回归)

模型	OLS 系数/ (标准误)	5 分位系数/ (标准误)	25 分位系数/ (标准误)	50 分位系数/ (标准误)	75 分位系数/ (标准误)	95 分位系数/ (标准误)
截距项	34.5800 ** (0.9488)	29.4573 ** (1.9448)	32.3029 ** (1.5654)	35.4488 ** (1.2095)	35.8829 ** (1.1311)	36.5311 ** (1.8747)
制造业工人薪资水平 (美元/人·小时)	0.4247 ** (0.0278)	0.4063 ** (0.0542)	0.4833 ** (0.0409)	0.3987 ** (0.0429)	0.4173 ** (0.0426)	0.3409 ** (0.0607)
不适当行为(如贪污或 腐败)在公共领域不盛行	1.9311 ** (0.0959)	1.7619 ** (0.3160)	1.6963 ** (0.1787)	2.0294 ** (0.1059)	1.9772 ** (0.1628)	2.1646 ** (0.1874)
15 岁以下人口比重(%)	-0.4929 ** (0.0244)	-0.6335 ** (0.0589)	-0.5358 ** (0.0449)	-0.5130 ** (0.0330)	-0.4486 ** (0.0261)	-0.2667 ** (0.0615)
人均宽带带宽(kbps)	0.0339 ** (0.0020)	0.0354 ** (0.0052)	0.0303 ** (0.0024)	0.0295 ** (0.0025)	0.0331 ** (0.0033)	0.0456 ** (0.0042)
金融与银行有效性	1.7275 ** (0.1352)	1.8968 ** (0.3184)	1.9207 ** (0.2341)	1.7620 ** (0.1241)	1.8441 ** (0.1523)	1.5921 ** (0.2605)
样本数	1062	1062	1062	1062	1062	1062
adjR²[Pseudo R²]	0.9008	[0.9167]	[0.7077]	[0.7155]	[0.7553]	[0.9317]
回归方程 F 值	1928.213 **	—	—	—	—	—

注:分位回归标准误为采用 bootstrap 方法求得的标准误;* 表示5%水平上显著,** 表示1%水平上显著。

二、影响因素分析

第一,增加普通劳动者收入有利于提高民生水平,但作用效果随着民生水平提高而逐渐减弱。制造业工人薪资水平是普通劳动者收入的合理代表。OLS 结果表示在其他条件不变的情况下,收入每增加一个单位,民生水平提高0.4247 个单位,而分位回归结果说明在民生低水平,劳动收入增长对民生水平的带动作用逐渐增强,在 20 分位附近到达顶峰,随着民生水平的不断提高,收入的影响程度逐渐降低。这说明民生发展较低阶段提高普通劳动者收入是更加有效的措施,这部分收入更多地被用来解决最基本的生存问题,继而是发展问题,当生活水平达到一定优越程度后,民生问题的提高就要更多地依赖于社会环境的改善,收入所能起到的作用逐渐减小。

第二,行政廉洁水平影响民生水平,且影响作用随民生发展而逐渐提高。不良行为(如贪污或腐败)是否盛行代表了行政廉洁水平,是影响政府管理能

101

力的重要方面。不同于 OLS 回归表示的行政廉洁水平对民生水平持续有 1.93 的影响系数，分位回归结果显示不良行为是否盛行对民生得分的影响由 5 分位数的 1.76 提高到 95 分位数的 2.16，说明民生水平越高，提高行政廉洁水平对民生的积极意义就越大。随着社会的发展，包括政策、制度、法律、文化和思想观念的软环境的作用越来越突出，它们决定着经济政策是否能促进生产水平继续发展，决定着人们物质生活得到一定程度的满足后，社会是否向更加以人为本、更有利于民生水平提高的方向发展。

第三，少年儿童抚养比率对民生水平产生负向影响，影响程度逐渐减小。大部分国家和地区 15 岁以下人口仍由家庭养育，OLS 回归显示这部分人口比重对民生得分均值的影响系数为 -0.49，而分位回归结果表示该负作用随着分位数的提高而减弱，作用系数由 5 分位的 -0.63 调整为 95 分位的 -0.27，说明当民生水平较低时，需要养育的儿童和青少年越多，保证其生存和教育所需投入越多，影响了家庭的生活水平提高，且站在宏观角度较大的劳动力比重是保证生产和收入的重要方面；而当民生发展到较高水平，养育儿童和青少年对家庭民生水平的影响程度降低。

第四，信息基础设施建设影响民生发展，在民生高水平时更加重要。宽带条件是信息基础设施建设的重要方面，加强建设对民生水平有积极影响。相比 OLS 的 0.03 的回归系数，分位回归结果显示在民生水平 75 分位数以下，信息基础设施建设对民生水平有一个比较稳定的影响作用，当民生水平达到 75 分位数以上时，信息基础设施建设的作用随着民生得分分位数的增长明显提高，这说明在人民生活的物质需求得到一定程度的满足后，越来越需要追求精神生活的愉悦和享受，尤其是通过网络能够获得更多信息，能够使生活和沟通更加方便。

第五，生产力提高对民生发展起着比较稳定的促进作用。金融和银行在国民经济中发挥良好作用是生产力发展的重要方面。生产力对民生发展的促进作用是显著的，但随着分位点值的提高生产力的促进作用有微弱下降，由 5 分位的 1.90 下降到 95 分位的 1.59。这是因为生产力的发展是民生水平提高的重要推动力，只有生产力发展才会为发展民生事业提供必要的经济基础的物质保障，否则解决民生问题只能是纸上谈兵。

三、对因变量分布的影响

5 个自变量对民生指数得分的分布产生了不同的影响,自变量回归系数的绝对值是随着民生得分分位数的提高逐渐增大的,会加大民生得分分布的离散程度,反之会使民生得分更加集聚。由分位回归结果可以看到,在控制了其他变量后,抚养比率、普通劳动者收入和生产力发展使民生水平的分布发生集聚,行政廉洁水平和信息基础设施建设使民生水平的分布更加离散。前一种影响机制的因素代表在民生低水平时其影响因素绝对值越大,对民生水平的边际效用越高,因此在民生发展程度较低阶段的国家或地区应该相对更加重视生产力、普通劳动者收入以及抚养比率的作用效果。

四、国际比较

在不同的文化历史背景和社会制度下,民生发展影响因素的作用机制和效果有所不同。IMD 数据库中的国家之间情况迥异,而由于对所有国家和地区一同进行回归更反映平均水平,不容易看到不同国家之间的区别,为了比较不同类型国家民生影响因素的作用强度,将 2019 年 59 个国家和地区按照社会制度和历史文化背景划分为 7 个小组(具体原因如前文所述,由于非洲只有南非一国有数据,考虑到样本的充分性,故不考虑非洲组),组内国家和地区情况更为相似。用 OLS 和分位回归方法重新进行回归分析,回归结果可以显示出不同类型国家民生发展影响因素的影响水平确实存在差异。但是,由于一些组样本量较少,回归显著性检验结果不如全样本回归好。

从回归结果可以看到,收入水平对亚洲发展中地区和中东地区民生水平的拉动作用最明显,对东欧以外的欧洲和英美等发达国家的影响相对温和;社会软环境对亚洲地区和东欧以外欧洲地区国家的影响作用更强,对南美国家影响较小;劳动力比重对大部分国家民生水平的提高都起着重要作用,作用较大的如亚洲、东欧和北美地区,但对北美、东欧以外欧洲和大洋洲经济发达国家几乎没有显著作用;基础设施建设对各个地区国家民生水平都产生正向影响,对南美国家的回归系数数值相当大;生产力是各个国家民生水平的重要驱动力。

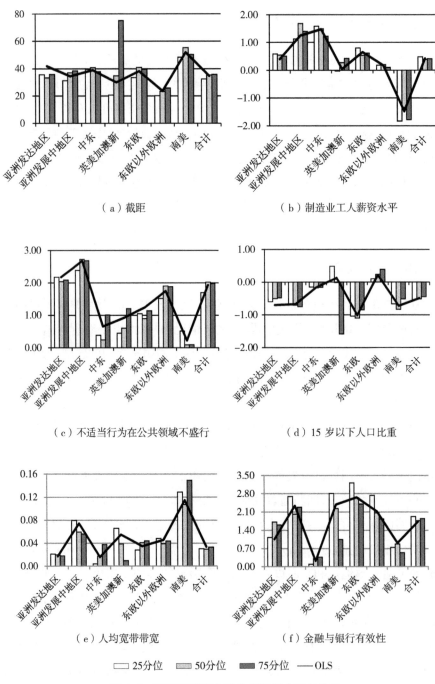

（a）截距

（b）制造业工人薪资水平

（c）不适当行为在公共领域不盛行

（d）15 岁以下人口比重

（e）人均宽带带宽

（f）金融与银行有效性

▢ 25分位　▨ 50分位　▰ 75分位　── OLS

图 6-2　不同类型国家民生指数得分回归结果

从各类型国家来看,亚洲发展中国家还处在不同的工业化阶段上,生产力水平有限,仍处于建立健全社会制度的阶段,民生发展需要改善的方面很多,因此影响因素比较容易使民生水平发生变化、影响作用敏感度普遍较高。亚洲发达国家与亚洲发展中国家拥有相同的文化渊源和相似的发展历史,但由于经济发展水平较高,社会系统更加完善,民生发展水平也较高,根据边际效用递减原理,5 个因素对民生指数的影响强度明显低于亚洲发展中国家。中东地区大部分样本国家靠能源出口获得大量收入或发展旅游业进而进行国家和福利体系建设,还有以色列科技兴国的特例,因此这些国家的发展路径不同于大部分工业化国家或正在进行工业化的国家,民生水平对大部分影响因素敏感程度更低。相对于亚洲国家,欧洲、北美和大洋洲诸国的文化渊源和发展历史不同,民生影响机制也不尽相同。由于这些国家中大部分已拥有较成熟的工业化体系和社会制度,根据边际效用递减原则,普通劳动者收入、行政廉洁水平和信息基础设施建设对民生的影响效果还要弱于亚洲发达国家水平,但需抚养人口比重对民生水平没有负面影响。东欧国家由于经历了一段特殊发展时期,民生影响机制存在一定的特殊性,比如,普通劳动者收入的影响作用更大,但由于其经济和社会仍处于发展阶段,与其他发展中国家有相同点,如需抚养人口比重仍然对民生水平产生负向影响。南美地区国家民生影响机制与其他地区区别明显,这不仅是由于文化历史和社会制度不同,更是由于部分国家经济发展停滞甚至发生倒退、社会秩序比较混乱,使变量关系更加复杂,制造业工薪水平对民生发展的作用呈现负向关系,信息基础设施的正向作用显著高于其他类型国家,金融发展的作用显著低于其他国家。

本章运用分位回归技术,以逐步回归选择的 5 个经济社会变量对 1996—2014 年 59 个国家和地区的民生发展水平进行分位回归,通过与 OLS 回归结果进行对比,可以得出,随着一国或地区民生水平的逐渐提高,普通劳动者收入增长和劳动力比重提高的促进作用逐渐减小,行政廉洁水平的影响作用逐渐提高,信息基础设施建设在民生高水平更加重要,生产力对民生发展起着稳定的促进作用。

由于历史文化、社会体系和经济发展水平的不同使民生影响因素的作用机制各不相同，为了考察不同国家系统之间的区别，本文将国家样本分为 7 组，再次运用 OLS 和分位回归方法进行影响因素分析，并与全样本结果进行比较。可以得出提高普通劳动者收入水平对亚洲发展中地区和中东地区民生水平的拉动作用最明显，对东欧以外的欧洲和英美等发达国家的影响相对温和；行政廉洁水平对亚洲地区和东欧以外欧洲地区国家的影响作用更强；抚养比率与大部分国家民生水平都呈现负向相关关系，作用较大的如亚洲、东欧和北美地区，但对北美、东欧以外欧洲和大洋洲经济发达国家几乎没有显著作用；信息基础设施建设对各地区国家民生水平都产生正向影响；生产力是民生水平的重要驱动力。

本文的研究结果对我国民生问题的解决具有一定的参考意义。提高我国的民生水平不能仅仅靠政府的一己之力强势推进，还要准确把握民生系统的发展规律和其他系统对他的影响作用机制并顺应规律、利用规律。对于我国民生水平现阶段发展情况来说，继续推动社会生产力发展、加强信息基础设施建设、提高普通劳动者收入水平、实施计划生育政策以及坚持不懈的抓好行政廉洁对提高我国民生水平具有非常重要的意义。

第 七 章

民生发展效率及影响因素研究

——以健康投入转化效率为例

本章将从民生发展效率维度、以健康投入转化效率为例,进一步研究各个国家的发展情况,并找出影响各国民生发展效率的经济社会因素。

提高公民健康水平是改善民生的重要方面,各国健康水平的提高不仅仅取决于健康投入水平,还与健康投入的转化效率有直接关系。在经济发展水平与社会健康支出能力的短期约束下,提高健康投入的转化效率应该成为提高公民健康水平的重要手段。已有文献大多从加强医疗卫生系统建设角度研究提高卫生系统投入效率的有效途径,但是这绝不是提高健康投入转化效率的全部内容。正如管彦庆等所述,"个体的健康状况对家庭和社会均具有典型的外部性特征,维持其健康状况所接受的医疗卫生服务兼具私人商品与公共品的特性,民众的健康支出由政府、社会和个人三者共同分担"①,因此公民自身的卫生保健行为,政府部门和企业提供健康基础设施、健康常识的普及与宣传,与医疗卫生系统建设形成了不可或缺的互补关系。

从改善民生角度考察一国的健康投入产出,需要综合考虑政府、社会、居民健康投入的整体转化效率。我们将健康投入转化效率定义为在实现公民健康的既定水平下,全社会健康资源投入有效利用的程度,定量地表示为最小可

---

① 转引自管彦庆、刘京焕、王宝顺:《中国省级公共医疗卫生支出效率动态评价研究——基于医疗卫生体制改革视角》,《贵州财经大学学报》2014 年第 1 期。

能投入量与实际投入量之比。在已有文献基础上，本文首先利用 DEA 方法中的 BCC 模型准确核算世界 59 个国家或地区的健康投入转化效率，考察纯技术效率和规模效率的世界分布格局，进而利用面板 Tobit 方法进一步分析造成各国家效率差异的经济社会影响因素和内在规律。

第一节　相关研究综述

现有对健康支出效率的研究主要是使用黑箱模型，是指测量从生产过程的入口到出口的效率，而不考虑中间过程。国外的研究更多的是从微观角度，以各医疗单位作为决策单元（DMU），在选取不同的投入和产出指标基础上测度医院等医疗机构的生产效率，包括 Sherman[1]、Ozcan[2]、Grosskopf 和 Valdmanis[3]、Vivian 和 Valdmanis[4]、Ozcan 和 Luke[5] 等人的研究。也有相当数量的国外文献从国家角度研究健康生产效率，并根据不同分类标准研究不同种类国家健康生产效率的共同特征和共同影响因素。Färe 等通过计算 1974—1989 年 19 个 OECD 国家的 Malmquist 指数分析健康生产效率的变化情况，为了避免价格不可比因素而采用物量指标，将医生数和病床数作为投入指标，将住院日数和出院数作为产出指标，结果显示美国拥有最高的健康生产效率，除了丹麦有累计 15.4% 的生产率增长，其他国家增长幅度小[6]。Bhat 研究了 24 个 OECD 国家的健康生产效率，用不同年龄人数分组考虑实习医生、实习护士、

---

①　ShermanH David，"Hospital efficiency measurement and evaluation：Empirical test of a new technique"，*Medical Care*，Vol.22，no.10，October 1984.

②　Ozcan YasarA，Michael J McCue，Okasha A A，"Measuring the technical efficiency of psychiatric hospitals"，*Journal of Medical Systems*，Vol.20，no.3，1996.

③　Grosskopf Shawna，Vivian Grace Valdmanis，"Measuring hospital performance：A non-parametric approach"，*Journal Health Economics*，Vol.6，no.2，1987.

④　Valdmanis Vivian Grace，"Ownership and technical efficiency of hospitals"，Medical Care，Vol.28，no.6，1990.

⑤　Valdmanis Vivian Grace，"Sensitivity analysis for DEA models：An empirical example using public versus NFP hospitals"，*Journal of Public Economics*，Vol.48，no.2，1992.

⑥　Färe R.，Grosskopf S.，Lindgren B.，Poullier J.P.，"Productivity growth in health-care delivery"，*Medical Care*，Vol.35，no.4，1997.

病床数和用药情况作为投入变量,计算这些变量的投入冗余,证明国家公共医疗制度、医生获得薪资的方式和医生权利对健康生产效率有显著影响[①]。Evans、Tandon 和 Murray 等人对 1997 年 191 个国家的健康生产效率进行比较,将人均健康支出对数化后作为投入变量,将残疾调整预期寿命作为代表人口健康的变量,分别采用自由处置包(Free Disposal Hull Analysis)、数据包络模型、修正的最小二乘法模型、随机前沿面模型、固定效应面板数据模型进行计算并比较结果,健康生产效率与教育水平和人均健康支出正相关,合理分配健康投入资源能够有效改善健康生产效率,认为如果能够获得相关数据,居住条件和自然环境等非健康指标应该对健康生产效率有显著影响[②]。此外,部分国外文献使用了协整、非参数估计等不同于 DEA、Malmquist 指数的其他方法[③]。

我国研究健康支出效率的文献中,有相当比重的文献使用 DEA 模型和 Malmquist 指数,研究全国各省份或不同区域的政府公共支出效率,同时考虑政府政策等因素的影响作用。韩华为、苗艳青利用中国省份面板数据研究了地方政府的卫生支出效率,分析人口密度、人均 GDP 和文盲率对支出效率的影响作用,认为想要缩小东中西地区之间的效率差异,要继续推进医疗改革,并使财政集权适度[④]。王宝顺、刘京焕利用中国省级公共卫生投入与产出面板数据,运用 DEA 和 Malmquist 指数核算了中国地方财政卫生支出的效率值和生产率的动态变化,证明中国地方公共卫生财政支出存在着 24% 的投入浪费,规模效率影响了整体技术效率,受到生产技术变动的影响,地方公共卫生

---

① Vasanthakumar N.Bhat,"Institutional arrangements and efficiency of health care delivery systems",*The European Journal of Health Economics*,Vol.6,no.3,2005.

② David B Evans,Ajay Tandon,Christopher JL Murray,Jeremy A Lauer,"The comparative efficiency of national health systems in producing health:An analysis of 191 countries",GPE discussion paper series,no.29,EIP/GPE/EQC,World Health Organization.

③ Sanjeev Gupta,Marijn Verhoeven,"The efficiency of government expenditure experiences from Africa",*Journal of Policy Modeling*,Vol.23,2001.

④ 韩华为、苗艳青:《地方政府卫生支出效率核算及影响因素实证研究——以中国 31 个省区市面板数据为依据的 DEA-Tobit 分析》,《财经研究》2010 年第 5 期。

财政支出全要素生产率逐年下降①。金荣学等利用 DEA 模型和 Malmquist 指数,从评价新医改对公共医疗卫生支出效率变化影响的角度,评价中国各省区 2009 年公共医疗卫生支出效率,认为中国公共医疗卫生支出总体效率水平较高,大多数省区规模报酬递增,支出的全要素生产效率递增②。管彦庆、刘京焕、王宝顺通过构建 DEA 四阶段分析框架,利用中国省级公共医疗卫生面板数据,证明中国省级公共医疗卫生支出年均存在 29.5% 的效率损失,由 2009 年医药卫生体制改革带来的全国范围内医疗卫生支出效率的技术进步推动力在 2010 年达到峰值开始衰退且存在较大的区域差异③。张宁、胡鞍钢、郑京海通过研究发现不同年份医疗卫生系统生产效率前沿面上的省份会发生变化,整体来看健康生产效率不断提高,与健康生产效率有显著关系的变量有人口密度和城乡居民支付能力,但与后者呈负相关④。刘杰证明技术进步是我国区域医疗全要素生产率不断提高的主要原因,东部省份提高医疗全要素生产率的速度慢于其他地区⑤。戴平生利用三阶段 DEA 方法,证明在政策影响下,中国医疗供给效率在 1985—1992 年、2003—2009 年不断改善,1993—2002 年在低位徘徊⑥。肖海翔、周帆等利用 DEA-Tobit 模型研究湖南省各市州地方政府卫生支出效率和影响因素,发现 2003—2008 年地方政府卫生支出效率虽存在波动,但整体水平不断提高,效率得分的地区差异明显,人口密度、人均 GDP、恩格尔系数和财政收入分权是主要原因⑦。张晓岚、刘孟飞、吴勋通过构建随机边界生产模型测算了 2002—2010 年中国 31 个省区市的医疗卫生技

①　王宝顺、刘京焕:《中国地方公共卫生财政支出效率研究——基于 DEA-Malmquist 指数的实证分析》,《经济经纬》2011 年第 6 期。

②　金荣学、宋弦:《新医改背景下的我国公共医疗卫生支出绩效分析:基于 DEA 和 Malmquist 生产率指数的实证》,《财政研究》2012 年第 9 期。

③　管彦庆、刘京焕、王宝顺:《中国省级公共医疗卫生支出效率动态评价研究——基于医疗卫生体制改革视角》,《贵州财经大学学报》2014 年第 1 期。

④　张宁、胡鞍钢、郑京海:《应用 DEA 方法测评中国各地区健康生产效率》,《经济研究》2006 年第 7 期。

⑤　刘杰:《区域医疗供给效率的实证研究》,《经济论坛》2009 年第 9 期。

⑥　戴平生:《医疗改革对我国卫生行业绩效的影响——基于三阶段 DEA 模型的实证分析》,《厦门大学学报》(哲学社会科学版)2011 年第 6 期。

⑦　肖海翔、周帆、邵彩霞:《地方政府卫生支出效率核算及影响因素分析》,《统计与决策》2011 年第 23 期。

术效率,发现中国医疗卫生体系的整体效率水平偏低,存在明显地区差异,地区经济发展水平、人口规模、教育水平、公共卫生投入强度以及医院部门和医护人员数量显著影响医疗技术效率①。

　　现有文献主要存在以下几方面问题:首先,已有比较各个国家健康投入转化效率的研究大多采用截面数据进行分析,使针对不同年份的各研究之间可比性差,无法分析转化效率的发展趋势。其次,已有利用回归模型对健康投入转化效率影响因素进行的分析均大多将综合技术效率作为被解释变量,而综合技术效率是一个综合的效率结果,不如纯技术效率和规模效率所代表的意义明确,现有研究没有区分纯技术效率和规模效率的影响因素。第三,在选择加入模型的健康投入转化效率解释变量时,多数文章考虑了经济发展水平、政府支出与政策、人口规模和质量等因素,但对创新能力、收入差距、环境治理等方面的影响作用考虑较少。第四,已有文献对不同的决策单元规模效率评价结果进行分析时,对于样本中相对发达地区(如国内样本的北京)仅有较低的规模效率的分析结果没有清楚解释其形成原因。

第二节　模型形式与估计方法

　　DEA-Tobit 模型能够在计算出国家健康投入转化效率的基础之上,对影响国家健康投入转化的经济社会因素进行进一步分析。选择 DEA-Tobit 模型进行分析主要有如下几点原因:第一,分析转化效率问题的模型有参数和非参数方法,而以 DEA 模型为代表的非参数方法能够有效避免由于模型设定有误而带来的严重问题;第二,国家健康投入转化的产出包括多个方面,DEA 方法在处理多投入多产出效率问题时更具有优势;第三,由 DEA 模型计算所得到的效率值是受限被解释变量,而 Tobit 回归正是为解决被解释变量分布具有截取特征所带来的 OLS 有偏不一致估计问题所产生的方法。下面对健康投入转化效率的 DEA-Tobit 模型及所用数据进行说明。

---

　　① 张晓岚、刘孟飞、吴勋:《区域经济发展、医疗体系特征与医疗卫生技术效率》,《西安交通大学学报》(社会科学版)2013年第1期。

一、DEA 模型

DEA 模型主要用来测度多投入、多产出的决策单元的转化效率。这种方法采用线性规划的方法,构建非参数逐段线性的前沿面,决策单元的效率高低取决于与前沿面的比较结果。DEA 模型主要分为 CCR 模型和 BCC 模型,都可以从面向投入与面向产出两个角度进行计算,主要差别在于对规模报酬可变性的假设不同。其中,BCC 模型能够将综合技术效率分解为纯技术效率与规模效率,因此本文采用 BBC 模型进行分析。

结合本部分的研究内容,纯技术效率是在各国家或地区健康投入规模一定的前提条件下,健康投入转化为产出的比例关系,纯技术效率不仅取决于政府、社会和居民各部分的健康生产效率,还受三者投入结构的影响。规模效率是指增加健康投入,健康产出是否呈与健康投入发生同方向的、同比例的增长。CRS(总体规模报酬不变)和 VRS(总体规模报酬可变)的 DEA 前沿面如下图 7-1 所示。在 CRS 下,点 P 面向投入的技术无效率是 PP_c;但在 VRS 下,技术无效率只是 PP_V,两者之差 P_cP_V 是由于规模无效率,用效率测度的比率表示为:

$$TE_{CRS} = AP_C/AP \tag{7-1}$$

$$TE_{VRS} = AP_\gamma/AP \tag{7-2}$$

$$SE = AP_C/AP_\gamma \tag{7-3}$$

其中,所有的测量值都在 0—1 区间内,同时

$$TE_{CRS} = TE_{VRS} \times SE \tag{7-4}$$

即 CRS 的技术效率测度被分解为纯技术效率和规模效率。在本文所研究问题中,由于各国家或地区的健康投入转化结果在短期内变化不大,主要考虑国家健康投入是否存在冗余或不足,因此选择面向投入的 DEA 模型来进行测算。模型有 1121 个决策单元(59 个国家 19 年数据),每个国家每年有 1 项投入和 3 项产出。对于第 i 个国家和年度,x_i 和 y_i 分别为投入和产出列向量,X 和 Y 分别是(1×1121)的健康投入矩阵和(3×1121)的健康产出矩阵,第 i 个国家和年份的健康投入综合技术效率 δ_i 可以通过计算如下的线性规划问题得到解:

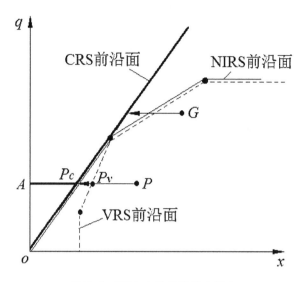

图 7-1　DEA 中的规模效率测度

$$\begin{cases} Max_{\lambda,\delta_i}\ \delta_i \\ s.t.\ -\delta_i\, y_i + Y\lambda \geq 0 \\ \quad x_i - X\lambda \geq 0 \\ \quad\quad \lambda \geq 0 \end{cases} \quad\quad (7\text{-}5)$$

想计算第 i 个国家的健康投入纯技术效率 θ_i，可解下式：

$$\begin{cases} Max_{\lambda,\theta_i}\ \theta_i \\ s.t.\ -\theta_i\, y_i + Y\lambda \geq 0 \\ \quad x_i - X\lambda \geq 0 \\ \quad\quad n\,1^{'}\lambda = 1 \\ \quad\quad \lambda \geq 0 \end{cases} \quad\quad (7\text{-}6)$$

其中，λ 是（1121×1）的常数向量，$n\,1^{'}$ 是 n 维单位向量。将综合技术效率与纯技术效率相除可得到健康投入规模效率。

二、面板 Tobit 模型

健康投入转化效率 DEA 模型考虑了各个国家或地区健康投入和产出，但在得到产出过程中同时存在的经济和社会影响因素没有被计入模型中加以考虑。由于健康转化效率取值在 0 到 1 区间内,其概率分布是被截取的,用 OLS 进行回归将得到有偏不一致的结果,因此在已有文献中大部分中外学者利用 Tobit 回归来对健康投入转化效率的影响因素进行进一步研究。而本文利用 DEA 模型计算将得到 1996—2014 年 59 个国家和地区的健康投入转化效率得分,利用面板模型能够综合利用横截面、时期和变量的三维信息,可以构造和检验比单独使用界面数据或混合数据更为真实的行为问题,因此我们选择健康投入转化效率的面板 Tobit 模型进行经济与社会影响因素分析。假设

$$y_{it}^* = x_{it}'\beta + u_i + \varepsilon_{it} \tag{7-7}$$

其中,y_{it}^* 不可观测,扰动项 $\varepsilon_{it} \sim N(0,\sigma_\varepsilon^2)$,而 u_i 为个体效应。当存在个体效应,为简便起见,假定在 0 处存在左归并(left-censored)。假设可以观测到 $y_{it} = \begin{cases} y_{it}^*, & \text{若} y_{it}^* > 0 \\ 0, & \text{若} y_{it}^* \leq 0 \end{cases}$。如果 u_i 与解释变量 x_{it} 不相关,则为随机效应模型 (RE);反之,则为固定效应模型(FE)。在随机效应的 Tobit 模型条件下,在给定个体效应 u_i 的情况下,个体 i 的条件分布为

$$f(y_{i1}, y_{i2}, \cdots, y_{iT} \mid u_i)$$
$$= \prod_{t=1}^{T} \left[1 - \Phi((x_{it}'\beta + u_i)/\sigma_\varepsilon) \right]^{1(y_{it}=0)} \left[\frac{1}{\sigma_\varepsilon} \varphi((y_{it} - x_{it}'\beta - u_i)/\sigma_\varepsilon) \right]^{1(y_{it}>0)} \tag{7-8}$$

式中个体异质性 u_i 不可观测。假设 $u_i \sim N(0,\sigma_u^2)$,记其概率密度函数为 $g(u_i)$ 。记 $(y_{i1}, y_{i2}, \cdots, y_{iT}, u_i)$ 的联合密度为 $f(y_{i1}, y_{i2}, \cdots, y_{iT}, u_i)$,并进行如下分解:

$$f(y_{i1}, y_{i2}, \cdots, y_{iT}, u_i) = f(y_{i1}, y_{i2}, \cdots, y_{iT} \mid u_i) \cdot g(u_i) \tag{7-9}$$

将上式中的 u_i 积分积掉,即可得到 $(y_{i1}, y_{i2}, \cdots, y_{iT})$ 的边缘密度(或无条件分布)。

$$f(y_{i1}, y_{i2}, \cdots, y_{iT})$$
$$= \int_{-\infty}^{+\infty} f(y_{i1}, y_{i2}, \cdots, y_{iT}, u_i) \, du_i = \int_{-\infty}^{+\infty} f(y_{i1}, y_{i2}, \cdots, y_{iT} \mid u_i) \cdot g(u_i) \, du_i \tag{7-10}$$

上式的积分无解析解,一般使用"Gauss-Hermite quadrature"方法进行数值积分。

第三节　变量选择与统计描述

本文研究的是各国家或地区健康投入转化为健康产出的效率,因此将能够获得数据的世界 59 个国家或地区作为决策单元。在已有研究文献基础上,健康投入转化效率的投入变量选择 59 个国家或地区的人均健康投入(美元),从 WHO、OECD 和中国国家卫生账目的划分方法来看,健康总支出(National Health Expenditures)是一个国家当年用于卫生医疗保健服务所消耗的资金总额,包括了政府、社会和居民的全部健康支出,使用健康总支出能够保证统计口径相对统一,能够为得到准确结果提供必要数据保障。产出变量选择最能代表一个国家或地区公民健康水平的出生时预期寿命、婴儿死亡率(千分之一)和健康问题。其中,由于婴儿死亡率是反向指标,因此用 1000 减去该值得到婴儿成活率指标加入模型进行计算。具体指标及统计描述情况如表 7-1 所示。

已有文献大多从经济、社会和人口三个方面选择国家健康投入转化效率的影响因素。本文拟使用的解释变量如下表所示,所使用数据均来自 1996—2014 年瑞士洛桑管理学院 IMD 国际竞争力年鉴。

表 7-1　健康投入转化效率 Tobit 模型拟用解释变量

因素领域	影响因素具体指标	所代表意义	样本数	均值	标准差	最小值	最大值
经济因素	人均 R&D 支出(美元/人)	创新投入	1121	385.61	480.25	0.26	2614.99
	服务业生产率(美元/人)	服务业生产率	1121	47632.37	25968.80	25.80	139611.75
社会因素	政府支出比重(%)	政府财政能力	1121	35.86	12.47	10.42	73.35
	基尼系数(%)	收入分配差距	1121	36.61	8.24	24.70	58.50
人口因素	人口数(百万人)	人口规模	1121	9.81	1.66	5.59	14.12
	高等教育获得比重(%)	教育水平	1121	28.22	13.42	0.90	74.90
环境因素	废水处理工厂服务人口比重(%)	污染治理能力	1121	70.72	23.23	3.40	100.00

一、综合技术效率

基于投入导向的 DEA 模型计算,得到 1996—2014 年 59 个国家或地区健康投入转化综合技术效率(如图 7-2 所示)。可以看到 2014 年,健康投入转化综合效率最高的 5 个国家或地区依次是美国、瑞士、卢森堡、挪威和澳大利亚;最低的 5 个国家依次是印度、泰国、土耳其、印度尼西亚和马来西亚;中国在 59 个国家中排名第 51 位。从不同大洲角度划分国家,可以看到,在 2014 年,东欧以外的欧洲国家的健康投入转化综合技术效率基本排在前 50%,其中中欧和北欧国家的排名更加靠前;北美国家(美国和加拿大)、大洋洲国家(澳大利亚和新西兰)均排在前 7 名;而东欧国家、大部分亚洲国家和非洲国家排名均靠后。

为了更直观展现 1995—2014 年不同国家或地区健康投入转化综合技术效率的变化趋势,选取 2014 年健康投入转化综合技术效率最高 5 国、最低 5 国和中国,将 19 年的综合技术效率发展轨迹作图。从图 7-3 可以清楚地看到,综合技术效率最高的美国、瑞士、卢森堡、挪威和澳大利亚,其综合技术效率水平的提高非常迅速,平均提高 96.5%;而综合技术效率最低的印度、泰国、土耳其、印度尼西亚和马来西亚的综合技术效率增长率为 31.2%;中国同期增长 34.6%,发展速度亟需提高;与此同时,俄罗斯、哈萨克斯坦、秘鲁、克罗地亚和乌克兰的综合技术效率水平不升反降。

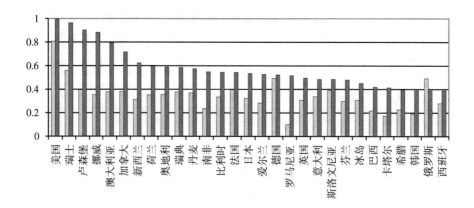

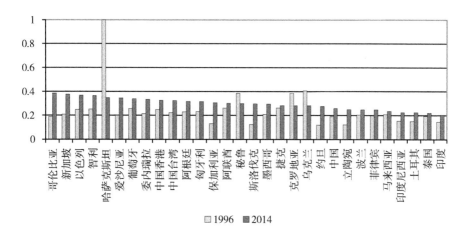

图 7-2　1996、2014 年 59 个国家或地区健康投入转化综合技术效率

二、纯技术效率

利用基于投入导向的 DEA 模型计算,得到 1996—2014 年 59 个国家或地区健康投入转化纯技术效率(如图 7-4 所示)。可以看到,2014 年,健康投入转化纯效率最高的 5 个国家或地区依次是澳大利亚、中国香港、日本、卢森堡和挪威;最低的 5 个国家依次是印度、印度尼西亚、菲律宾、土耳其、中国;中国

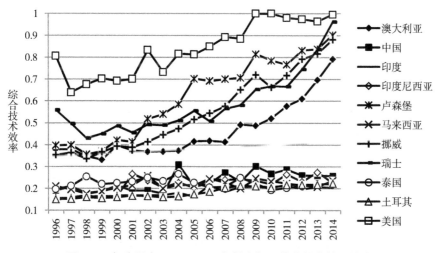

图 7-3　部分国家 1996—2014 年健康投入转化综合技术效率

在 59 个国家中排名第 55 位。从不同大洲角度划分国家，可以看到，在 2014
年，健康投入转化纯技术效率格局虽然仍然是北美、欧洲和大洋洲国家表现较
好，亚洲、南美国家表现较差，但是较综合技术效率已有所不同，拥有较高综合
技术效率的国家或地区的纯技术效率排名可能会相对降低，如美国的综合技
术效率和纯技术效率排名分别为 1 和 7，奥地利分别是 9 和 15，荷兰分别是 8
和 31；相反的，部分国家或地区的综合技术效率排名相对低于纯技术效率，如
中国香港分别是 38 和 2，日本分别是 15 和 3，冰岛分别是 23 和 10；中国的纯
技术效率排名第 55 位，低于综合技术效率排名 51。

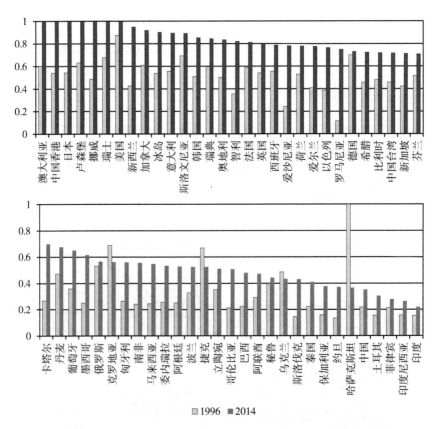

图 7-4　1996、2014 年 59 个国家或地区健康投入转化综合技术效率

　　为了更直观展现 1996—2014 年不同国家或地区健康投入转化纯技术效
率的变化趋势，选取 2014 年健康投入转化纯技术效率最高 5 国、最低 5 国，将

19 年的纯技术效率发展轨迹做图。从图 7-5 可以清楚地看到,纯技术效率最高的澳大利亚、中国香港、日本、卢森堡和挪威,其纯技术效率水平的提高比较迅速,平均提高 80.0%;而纯技术效率最低的印度、印度尼西亚、菲律宾、土耳其、中国平均增长率为 58.6%;中国同期增长 60.3%,发展速度同样亟需提高;与此同时,克罗地亚、捷克、乌克兰和哈萨克斯坦的纯技术效率水平不升反降。

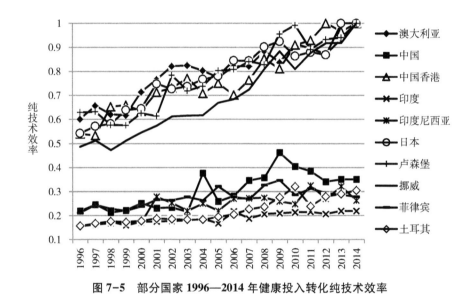

图 7-5 部分国家 1996—2014 年健康投入转化纯技术效率

三、规模效率

基于投入导向的 DEA 模型,计算得到 1996—2014 年 59 个国家或地区健康投入转化规模效率(如图 7-6 所示)。可以看到 2014 年,健康投入转化规模效率最高的 10 个国家或地区依次是美国、南非、瑞士、哈萨克斯坦、印度、卢森堡、挪威、菲律宾、巴西和印度尼西亚;最低的 10 个国家或地区依次是立陶宛、以色列、墨西哥、波兰、韩国、中国台湾、智利、爱沙尼亚、马来西亚和中国香港;中国在 59 个国家中排名第 19 位。可以看到,健康投入转化综合技术效率和纯技术效率较低的南非、哈萨克斯坦、印度、菲律宾、巴西和印度尼西亚排在了规模效率的前 10 名,而综合技术效率和纯技术效率较高的韩国、中国台湾和中国香港排在了规模效率的后 10 名。由此看出，健康投入转化的规模效率世界格局完全不同于综合技术效率和纯技术效率，决定规模效率的机制和经济社会因素也应不同。

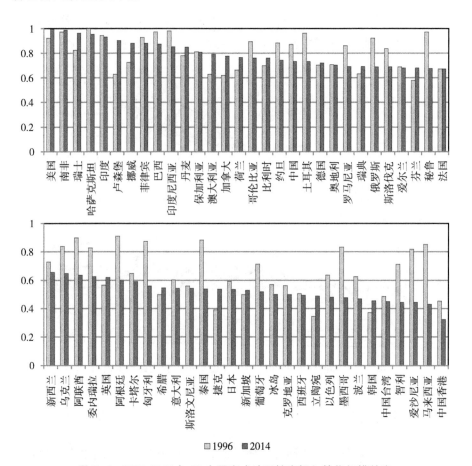

□1996　■2014

图 7-6　1996、2014 年 59 个国家或地区健康投入转化规模效率

各国家或地区的健康投入转化规模效率发展趋势完全不同于综合技术效率和纯技术效率。如图 7-7 所示，2014 年得分最高的 5 个国家，其健康投入转化规模效率得分整体上有小幅提高；而得分最低的 5 个国家，其健康投入转化规模效率得分均不断下降；中国的规模效率虽然在 2008—2011 年有小幅上升，但是整体趋势是在不断下降。这说明这些国家或地区的健康水平及健康体系建设可能处于不同的发展阶段，决定投入转化规模效率的发展方向。

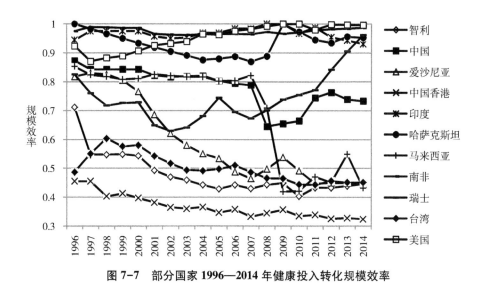

图 7-7　部分国家 1996—2014 年健康投入转化规模效率

由健康投入转化产出的三种效率得分发展趋势可知,1996—2014 年,世界 59 个国家或地区的健康投入转化综合技术效率和纯技术效率总体上不断提高,不同的是,部分国家规模效率不断提高、部分国家不断降低。由于综合技术效率是纯技术效率和规模效率的综合,因此可以认为样本中的北美、东欧以外的欧洲、大洋洲国家,其健康投入转化综合技术效率较高的原因主要是纯技术效率较高;国家健康投入转化规模效率遵循的规律与纯技术效率不同,规模效率发生变化导致综合技术效率发生变化。

第四节　实证结果与解释分析

一、全样本条件下

利用面板 Tobit 模型和表 7-1 中所列出的经济、社会、人口和环境解释变量,对本文第三部分所得出的 59 个国家或地区的健康投入转化综合技术效率、纯技术效率和规模效率进行回归。其中,由于第三部分对规模效率的评价结果显示,部分国家规模效率不断增长,而其他国家不断下降,据此推测规模效率相对技术效率可能存在二次曲线趋势。因此,在规模效率的影响因素分析中,分别建立 3 个模型,第一个模型选取与纯技术效率一致的影响因素,第二个模型在第一个模型的基础上加入纯技术效率一次项,第三个模型在第二个模型基础上加入纯技术效率二次项,所得结果如表 7-2 所示。可以看到,①/sigma_u 代表复合扰动项中的个体效应部分,/sigma_e 代表复合扰动项中的随机效应,检验结果显示同时存在个体效应和随机效应;②rho 是同一个体不同时期扰动项的自相关系数,rho 越大,则复合扰动项中个体效应的部分越重要,如果 rho=0,则说明 $\sigma_u^2 = 0$,即不存在个体随机效应,而应选择混合回归,回归结果显示存在个体效应;③LR 检验结果强烈拒绝" $H_0: \sigma_u = 0$ ",也认为存在个体效应,应使用随机效应的面板 Tobit 回归。

对健康投入转化综合技术效率有显著影响的因素包括人均 R&D 支出、服务业生产率和基尼系数。对健康投入转化纯技术效率有显著影响的因素除了这三个指标,还包括废水处理工厂服务人口比重,纯技术效率的影响因素与综合技术效率比较相近,能在一定程度上反映出纯技术效率对综合技术效率的影响更大。这一回归结果说明:首先,一个国家的创新投入水平越高,越能推动健康医疗服务乃至整个国家生产率不断提高,推动社会管理模式和结构不断优化、与时俱进,进而使健康投入转化的纯技术效率不断提高。第二,医疗卫生系统是服务业的组成部分,一国服务业生产率越高,医疗卫生系统的生产率可能也越高,医疗卫生系统以外的健康服务业生产率也可能越高,进而健康投入转化的纯技术效率越高。第三,基尼系数的回归系数为负,说明收入差距对于健康投入转化的意义在于存在适当收入差距能够鼓励公民有更高的生产积极性来提高收入,进而提高整个国家创造价值的能力和速度,有益于健康投入转化纯技术效率的不断提高。第四,废水处理工厂服务人口比重代表一国的污染治理能力,污染治理能力越强,则公民受环境污染的影响越小,越能降低对公民健康的负面影响,有利于提高健康投入转化纯技术效率。

表 7-2　59 个国家或地区健康投入转化效率回归结果

解释变量	综合技术效率	纯技术效率	规模效率（1）	规模效率（2）	规模效率（3）
erd	0.0278 （0.0101）***	0.0420 （0.0116）***	−0.0063 （0.0099）	0.0005 （0.0095）	0.0155 （0.0081）*
ps	0.1082 （0.0358）***	0.1228 （0.0367）***	0.0205 （0.0370）	0.0550 （0.0359）	0.0502 （0.0305）*
gn	0.0022 （0.0015）*	0.0043 （0.0016）***	−0.0009 （0.0015）	−0.0002 （0.0014）	0.0009 （0.0012）
po	0.1460 （0.1056）	0.0037 （0.0903）	0.2798 （0.1185）**	0.2867 （0.1185）**	0.1850 （0.1048）*
hea	−0.0002 （0.0008）	0.0012 （0.0009）	−0.0012 （0.0007）	−0.0010 （0.0007）	−0.0002 （0.0006）
gge	0.0004 （0.0009）	0.0004 （0.0010）	0.0008 （0.0008）	0.0007 （0.0008）	0.0001 （0.0007）
wwt	0.0002 （0.0006）	0.0016 （0.0006）***	−0.0009 （0.0006）	−0.0006 （0.0006）	−0.0007 （0.0005）
vrste	—	—	—	−0.2325 （0.0335）***	−1.8355 （0.1269）***
Vrste^2	—	—	—	—	1.1992 （0.0927）***
_cons	−1.4139 （0.4644）***	−1.3603 （0.4429）***	−0.0361 （0.5012）	−0.3783 （0.4907）	0.2346 （0.4245）
/sigma_u	0.1247 （0.0121）***	0.0999 （0.0104）***	0.1423 （0.0137）***	0.1436 （0.0138）***	0.1279 （0.0123）***
/sigma_e	0.0560 （0.0021）***	0.0777 （0.0029）***	0.0530 （0.0020）***	0.0497 （0.0019）***	0.0415 （0.0016）***
rho	0.8320 （0.0295）	0.6231 （0.0533）	0.8780 （0.0224）	0.8930 （0.0199）	0.9046 （0.0180）
chibar2	494.76	234.25	606.90	648.08	632.46
Prob>=chibar2	0.000	0.000	0.000	0.000	0.000

注：" * "、" ** "、" *** "分别代表在 0.1、0.05、0.01 水平下统计显著。

　　对比以健康投入转化规模效率为被解释变量的 3 个模型的回归结果，可以看到规模效率（1）和（2）模型，人均 R&D 支出与服务业生产率已不显著，而规模效率仅仅与人口规模正相关、与纯技术效率负相关。在解释变量中加入纯技术效率一次项和二次项的规模效率（3）模型，回归结果显示人均 R&D 支出、服务业生产率、人口规模对规模效率均有显著影响，且人均R&D支出和服务业生产率的回归系数与综合技术效率模型、纯技术效率模型的相近，能够起到相互验证的作用；人口规模越大则健康投入转化的规模效率越大的解释也符合常理；并且，纯技术效率一次项和二次项均通过假设检验，回归参数符号代表各国家的健康投入转化规模效率会随着纯技术效率的提高而出现高—低—高的U型变化趋势特征，这很好地解释了第三部分所提出的为什么部分国家的规模效率不断提高、而另一部分国家的规模效率正不断降低的问题。健康投入转化规模效率形成相对于纯技术效率的U型变化规律的原因在于在一国纯技术效率相对较低的阶段，投入较少的健康资源就能使公民健康水平得到较大改善，因此规模效率较高；随着纯技术效率不断提高，各部门生产效率、社会管理结构和水平不断提高，投入相同的健康资源使公民健康水平提高相同幅度变得越来越困难，因此规模效率不断下降；从长期来看，当国内健康系统有重大变化，包括科技突破或管理体制重大改革，以至于改变了整个社会的健康生产函数，使得同样的健康资源投入能带来公民健康水平更大幅度的改善，使得规模效率又不断提高，因此出现了U型变化趋势。

二、发达国家与发展中国家子样本条件下

将59个国家或地区的数据划分为发达国家和发展中国家两个子样本，分别包括31和28个国家或地区。仍然采用与分析全样本时相同的模型、解释变量和估计方法，所得结果见表7-3和表7-4。与全样本的计算结果相同的是：①/sigma_u和/sigma_e的检验结果显示同时存在个体效应和随机效应；②rho的回归结果显示存在个体效应。③LR检验结果强烈拒绝"$H_0: \sigma_u = 0$"，也认为存在个体效应，应使用随机效应的面板Tobit回归。

对于健康投入转化的综合技术效率，人均R&D支出、服务业生产率、基尼系数和高等教育获得比重对发达国家的影响更显著；而对于健康投入转化的纯技术效率，人均R&D支出、服务业生产率、基尼系数对发达国家的影响更为显著。一方面，综合技术效率与高等教育获得者比重负相关的回归结果与韩华为等的结果一致，与Milligen等所认为的"在西方国家直接选举的制度背景下，教育水平越高的居民选出那些致力于提高财政支出效率的地方长官的可

能性越高,居民较高的受教育水平有助于提高地方政府的支出效率"①的结论相反。另一方面,基尼系数对发展中国家的综合技术效率和纯技术效率的影响更大,说明发展中国家促进公民健康水平提高的首要条件必须是发展经济,国家公民创造价值的积极性越高,健康投入转化效率越高。

表7-3　发达国家分析结果

解释变量	综合技术效率	纯技术效率	规模效率(1)	规模效率(2)	规模效率(3)
erd	0.1764 (0.0235)***	0.0832 (0.0227)***	0.1410 (0.0177)***	0.1415 (0.0184)***	0.1430 (0.0180)***
ps	0.3212 (0.0625)***	0.1526 (0.0641)**	0.2309 (0.0469)***	0.2317 (0.0475)***	0.2190 (0.0467)***
gn	0.0083 (0.0043)*	0.0082 (0.0037)**	0.0017 (0.0034)	0.0018 (0.0034)	0.0022 (0.0034)
po	0.1702 (0.1334)	0.0669 (0.1019)	0.1565 (0.1192)	0.1571 (0.1195)	0.1495 (0.1183)
hea	−0.0022 (0.0011)**	0.0012 (0.0011)	−0.0030 (0.0008)***	−0.0030 (0.0008)***	−0.0028 (0.0008)***
gge	0.0001 (0.0010)	−0.0002 (0.0010)	0.0001 (0.0007)	0.0001 (0.0007)	−0.0001 (0.0007)
wwt	−0.0009 (0.0008)	0.0005 (0.0008)	−0.0009 (0.0006)	−0.0009 (0.0006)	−0.0007 (0.0006)
vrste	—	—	—	−0.0046 (0.0432)	−1.0254 (0.3216)***
Vrste^2	—	—	—	—	0.6341 (0.1982)***
_cons	−5.1886 (0.7167)***	−2.1758 (0.6925)***	−3.4411 (0.5469)***	−3.4548 (0.5621)***	−2.9432 (0.5736)***
/sigma_u	0.1178 (0.0176)***	0.0880 (0.0123)***	0.1057 (0.0153)***	0.1059 (0.0154)***	0.1050 (0.0154)***
/sigma_e	0.0423 (0.0022)***	0.0511 (0.0027)***	0.0304 (0.0016)***	0.0304 (0.0016)***	0.0296 (0.0016)***
rho	0.8861 (0.0331)	0.7480 (0.0572)	0.9236 (0.0224)	0.9238 (0.0225)	0.9262 (0.0220)
chibar2	300.21	193.29	367.13	364.65	351.62
Prob>=chibar2	0.000	0.000	0.000	0.000	0.000

① 转引自韩华为、苗艳青:《地方政府卫生支出效率核算及影响因素实证研究——以中国31个省份面板数据为依据的 DEA-Tobit 分析》,《财经研究》2010 年第 5 期。

表 7-4 发展中国家分析结果

解释变量	综合技术效率	纯技术效率	规模效率（1）	规模效率（2）	规模效率（3）
erd	0.0044 (0.0118)	0.0208 (0.0166)	−0.0258 (0.0132) **	−0.0184 (0.0115)	−0.0012 (0.0099)
ps	0.0421 (0.0415)	0.0711 (0.0516)	−0.0164 (0.0480)	0.0091 (0.0435)	0.0096 (0.0377)
gn	0.0038 (0.0016) **	0.0064 (0.0021) ***	−0.0011 (0.0018)	0.0004 (0.0016)	0.0016 (0.0014)
po	0.0034 (0.1337)	−0.2148 (0.1546)	0.3253 (0.1608) **	0.2657 (0.1514) *	0.1804 (0.1344)
hea	0.0006 (0.0010)	0.0008 (0.0012)	−0.0003 (0.0010)	−0.0001 (0.0009)	0.0009 (0.0008)
gge	−0.0005 (0.0014)	0.0001 (0.0021)	0.0005 (0.0016)	0.0002 (0.0013)	−0.0004 (0.0011)
wwt	−0.0009 (0.0007)	0.0009 (0.0009)	−0.0023 (0.0008) ***	−0.0020 (0.0007) ***	−0.0019 (0.0007) ***
vrste	—	—	—	−0.3545 (0.0430) ***	−1.8310 (0.1750) ***
Vrste^2	—	—	—	—	1.1986 (0.1391) ***
_cons	−0.2535 (0.5952)	−0.2300 (0.7225)	0.4617 (0.7000)	0.3748 (0.6401)	0.7984 (0.5600)
/sigma_u	0.0946 (0.0138) ***	0.0987 (0.0156) ***	0.1172 (0.0167) ***	0.1131 (0.0459) ***	0.1016 (0.0143) ***
/sigma_e	0.0608 (0.0033) ***	0.0972 (0.0053) ***	0.0652 (0.0036) ***	0.0552 (0.0030) ***	0.0466 (0.0026) ***
rho	0.7078 (0.0654)	0.5075 (0.0858)	0.7638 (0.0556)	0.8075 (0.0473)	0.8260 (0.0437)
chibar2	149.92	73.50	181.88	215.33	219.01
Prob>=chibar2	0.000	0.000	0.000	0.000	0.000

注："＊"、"＊＊"、"＊＊＊"分别代表在 0.1、0.05、0.01 水平下统计显著。

对于健康投入转化的规模效率,发达国家和发展中国家的规模效率模型(3)中,纯技术效率的一次项和二次项都通过了假设检验,说明规模效率相对于纯技术效率的 U 型变化特征在发达国家和发展中国家中同样适用。此外,人均 R&D 支出、服务业生产率和高等教育获得比重对发达国家影响较大,后者仍然起到负作用,这是因为发达国家获得高等教育比重远高于发展中国家,而公民知识水平越高,代表国家的经济社会发展水平越高,越不容易改变经济社会结构,等量健康投入所能起到的作用越不明显;废水处理工厂服务人口比重对发展中国家的规模效率有负面影响是因为越是经济不发达的发展中国家其治理能力越差,因此在发展中国家样本中,废水处理工厂服务人口比重越低的国家,等量健康投入越能起到明显的作用,规模效率越高。

本章利用 DEA 方法计算了 59 个国家或地区 1996—2014 年健康投入的三种效率得分。通过分析结果,我们发现:第一,东欧以外的欧洲国家、北美国家、大洋洲国家的健康投入转化综合效率排在前列,东欧国家、大部分亚洲国家和非洲国家排名靠后。第二,综合技术效率高的国家其综合技术效率提高迅速,综合技术效率低的国家增长缓慢,俄罗斯等国的效率水平不升反降。第三,健康投入转化纯技术效率格局虽仍是北美、欧洲和大洋洲国家表现较好,亚洲、南美国家表现较差,但较综合技术效率格局已有不同。第四,纯技术效率高的国家其效率提高迅速,纯技术效率低的国家增长较为缓慢。第五,健康投入转化规模效率的世界格局不同于健康投入综合技术效率和健康投入纯技术效率,有些国家虽然健康投入转化综合技术效率和健康投入转化纯技术效率较低,但有可能拥有较高的健康投入规模效率。第六,各个国家健康投入转化规模效率发展趋势完全不同于综合技术效率和纯技术效率,部分国家有小幅提高,部分国家不断下降。

研究影响各国健康投入转化效率的因素,实证研究结果证明:第一,创新投入、服务业生产率和收入分配差距对健康投入转化综合技术效率有显著影响,除了这三个方面,污染治理能力对健康投入转化纯技术效率也有显著影响,纯技术效率对综合技术效率的影响更大。第二,各国健康投入转化规模效率会随着纯技术效率的提高而出现高—低—高的 U 型变化趋势特征。第三,对于健康投入转化的综合技术效率,创新投入、服务业生产率、收入分配差距和教育水平对发达国家的影响更显著;而对于健康投入转化的纯技术效率,前三方面因素对发达国家的影响更大。第四,创新水平、服务业生产率和教育水平对发达国家的规模效率影响较大;污染治理水平越差的发展中国家健康水平越低,健康投入所发挥的作用越大。

第 八 章

民生发展均等化及影响因素研究

不同对象之间民生发展水平差距过大,容易给经济和社会的正常运行造成隐患,改善与保障民生应该更为关注民生发展处于较低水平的人群,提高他们的收入水平和消费能力。因此,对民生发展均等化水平进行研究是民生研究的重要组成部分,也是对民生发展水平和民生发展效率研究的必要补充。

研究民生发展均等化,首先要分清研究对象的层次。从宏观上来看,民生发展均等化的研究对象是各个国家,考察各个国家之间民生发展水平的差异,与第五章民生发展水平的国际比较研究内容一致;从中观上来看,民生发展均等化研究对象是不同人群,依据人们在地域、城乡、行业的不同,将全体国民划分为不同群体,考察不同人群的民生发展差距;从微观上来看,民生发展均等化可以针对不同个人,人与人之间存在着普遍的民生发展差距。微观的民生发展差距包括了中观层面上由于地域、城乡、行业等原因造成的人群之间的差距,也包括由于个人选择、发展能力、发展机会等个人原因造成的差距,因此本部分针对微观层面,即人与人之间的民生发展均等化进行研究。

对于每个人来说,改善自己的民生水平,一是要靠个人的可利用资源,二是社会制度和环境为每个人利用资源改善民生提供发展机会、创造发展条件、保障发展权利。其中,个人可利用资源不仅包括物质基础,还有个人改善民生的主观能动性,后者受到个人知识文化的积累、积极向上的精神、较好的统筹规划和实践能力、个人选择等多方面影响。而物质基础主要来自于两个部分，分别是个人收入和资产累积，以及可以享受的政府基本公共服务。站在研究民生发展均等化的角度，整个国家制度、发展模式、政府基本公共服务体系等是实现民生发展均等化的大环境、大条件，属于制度经济学、公共管理学等学科的研究范畴；而个人的收入差距和资产差距、改善民生的主观能动性的差异是产生民生发展差距的根本原因。其中提高收入是个人从自身角度改善民生的最直接手段，收入差距的世代积累是造成资产累积的差距的主要因素，也是个人发挥主观能动性的物质基础。因此，本章主要研究由收入差距带来的民生发展差距，并分析产生这种发展差距的经济社会原因。

第一节　相关研究综述

对于不平等现象，许多经济学家都给出了自己的解释，其中最著名的是倒U型理论，是由库兹涅兹提出的。该理论认为"随着经济的发展，收入差距先是呈现不断增长的趋势，当经济发展到一定程度、收入分配不均等达到最大值时，分配不均等现象又随着后期经济的发展而有所改善，收入差距随着经济发展的变化趋势呈现倒U的形状"。

古典自由主义①强调起点平等和机会均等，他们认为：首先，不平等是由个人的生产力不同引起的。任何收入的不平等都是由于一些人所拥有的人力资源或其他资源的价值高于其他人的所造成的。第二，不平等是由个人的偏好不同造成的。人们在生活和发展过程中需要不断做出选择，选择的不同导致遇到的困难和发展前景不尽相同。第三，不平等也是由技术的发展带来的。例如，信息社会的不断发展对高水平人才的需求不断扩大，这些人员的收入水平不断提高，而相比之下缺乏技术的工人，工资会不断降低，甚至原本的工作职位可能被取代。第四，不平等也是由政府干预造成的。古典自由主义者认

---

①　美国经济学家巴里·克拉克在《政治经济学—比较的观点》一书中把经济学家分为古典自由主义、激进主义、保守主义和现代自由主义四个派别。

为许多市场缺陷是由政府干预造成的。信息的充分性和资源的流动性是收入分配的合理性的必要保障。

现代自由主义者试图促进更大的平等,同时保护个人自由和私有制。现代自由主义理论家认为:第一,不平等是由于市场不完全竞争造成的。在这种情况下,那些具有市场势力、更充分的信息、更具流动性的资源的个人和群体会"削弱"处于不利地位的群体。并且市场不能立即针对技术、可利用的资源及消费者偏好的变化进行调整,使一些人可以从暂时的不均衡中获取巨额利润。第二,不平等与过去的不公正有关。目前的财富和收入分配体现了先辈们被奴役、土地被剥夺以及在劳动力市场上被剥削的历史。市场通过承认所有的财产权利而不考虑其来源,将过去的不公正永久化了。第三,不平等是贫困循环的产物。在低收入家庭成长起来的儿童通常无法养成在市场里取得成功所需要的个人品质,某些通常与贫困相联系的心理和行为品行会由一代向下一代传递。第四,不平等是与市场活动中的各种歧视分不开的。那些种族、性别、文化背景、年龄、外貌不符合高收入者严重的社会规范者难以在经济上取得成就。第五,不平等还是由不合理的教育体制引起的。不同阶级、不同种族的孩子接受教育的质量是不平等的,一些人在进入劳动力市场时,缺乏在现代经济中取得成功所要求的基本技能。

除了自由主义之外,其他经济学派也对不平等和贫困现象做了自己的解释。如激进主义者谴责生产资料所有权不平等的社会中的大部分财产收入。他们相信,集中的私有制造成了财产所有者阶级对工人阶级的压迫,这种压迫始于受雇者无力控制其工作的生产工程,并最终影响了包括家庭、学校和政府在内的所有社会组织。保守主义者强调个人能力的天赋差别,认为人们会自动地寻找适合于其长处和短处特点的社会角色,不平等和贫困现象还与文化因素有关,有些文化会比其他文化产生出更多的贫困。

我国学者对收入分配的研究大多针对我国各省区市情况,认为影响因素大致包括经济发展水平、个人的生产力、市场因素、政府干预和城市化水平,与古典自由主义和现代自由主义的研究内容比较一致。首先,对于经济发展水平,有相当一部分研究不支持收入差距随经济发展先提高后下降的倒 U 曲线理论。王小鲁和樊纲①、曹子坚和何红梅②、王桂胜③、朱峰④的研究结果都说明随着我国经济发展，收入差距并不会自发下降。第二，对于个人的生产力，罗楚亮、王亚珂⑤根据中国住户调查数据证明受教育程度是城镇居民收入差距扩大的重要解释因素。孙敬水⑥等分别基于调查数据，研究行业收入差距、农村居民收入差距和城乡居民收入差距的影响因素，证明人力资本、制度因素和地区差异对行业收入差距的贡献率依次排在前三位，人力资本、物质资本和政治资本的贡献率较小，其中人力资本的作用在三者中最强；户主文化程度差异对城乡居民收入差距的贡献率最大。第三，对于市场因素，陶涛、夏亮利用我国 2005 年 1%全国人口调查数据，证明市场化、私有化程度越高的地区，贫富分化越严重，而经济社会发展水平的提高有利于通过中间变量来缓解这种贫富分化。⑦ 而符淼对我国收入不均发展四个阶段的研究结论却相反，认为按要素贡献分配并不一定是当前收入不均问题的主要成因，收入不均问题在很大程度上是由不按要素贡献分配导致的，包括按身份分配、按单位及行业分配、按地区分配、按资历分配和按分利能力分配等。⑧ 祝大平⑨、罗楚亮和王亚珂的研究也认为市场竞争的不公平是影响收入分配的主要因素。第四，对政府干预的研究主要包括收入分配制度、转移支付和税收制度等方面。郝梅瑞的研究证明分配原则、收入结构、失业率、社会保障体系、政策制度等因素影响上海居民收入差距。⑩ 张亚斌、吴江、冯迪利用中国省级面板数据证明我国

---

① 王小鲁、樊纲：《中国收入差距的走势和影响因素》，《经济研究》2005 年第 10 期。

② 曹子坚、何红梅、魏巍：《甘肃省居民收入分配基尼系数的测算和回归分析》，《西北人口》2008 年第 4 期。

③ 王桂胜：《我国收入差距影响因素研究》，《人口与经济》2008 年第 4 期。

④ 朱峰：《我国区域居民收入差距影响因素实证分析》，《企业研究》2012 年第 20 期。

⑤ 罗楚亮、王亚珂：《城镇居民收入差距扩张及其因素的经验分析》，《华中科技大学学报》(社会科学版)2012 年第 3 期。

⑥ 孙敬水、于思源：《行业收入差距影响因素及其贡献率研究——基于全国 19 个行业4085 份问卷调查数据分析》，《山西财经大学学报》2014 年第 2 期。

⑦ 陶涛、夏亮：《我国各地区内部贫富分化影响因素分析》，《经济问题探索》2010 年第5 期。

⑧ 符淼：《收入不均的影响因素及其分配机制的调适》，《改革》2008 年第 7 期。

⑨ 祝大平：《对上海城市居民收入差距的研究》，《上海统计》2003 年第 3 期。

⑩ 郝梅瑞：《上海市居民收入差距研究》，《首都经济贸易大学学报》2006 年第 3 期。

东部地区劳动收入份额上升会减小收入差距,西部地区则会产生相反的效果,中部地区的效应不明显。① 考虑转移支付对收入差距影响的包括:杜鹏发现在东北三省转移支付在高收入人群的分配反而高于低收入人群,转移收入反而成为扩大差距的原因。② 高铁梅、王千、范晓非证明转移支付已成为辽宁省城乡居民收入差距扩大的主要因素,辽宁省现阶段对低收入人群的平均税率压力最大,不利于减小收入差距。③ 吴玮根据 2001—2009 年成都市相关数据,证明提高福利保障水平能起到降低基尼系数的作用。④ 考虑税收对收入分配调节作用的包括王亚芬等认为我国税收制度在 2002 年以后逐渐发挥对收入分配的调节作用。⑤ 第五,对于城市化与就业水平,雷磊利用我国东部和西部的省级面板数据,证明城市化水平的差异加大了省市之间市场化差距,进而使得不同地区经济效率差异越来越显著,很大程度上导致了区域经济发展的不均衡。⑥ 朱峰以中国省级面板数据为样本,证明城镇登记失业率、城镇人口占总人口的比重的提高等要素加剧了居民收入差距。刘霖、唐莲、秦宛顺以浙江、贵州两省为代表,发现提高就业率、加大固定资产投资有助于提高县域经济发展水平并消减不均等的程度。在县域经济发展初期,大力发展制造业、提高城镇化水平具有重要意义。⑦

综上所述,古典自由主义学者认为个人的生产力、个人偏好、技术发展和政府干预对收入差距有重要影响,现代自由主义学者则更加关注市场竞争、过

　　① 张亚斌、吴江、冯笛:《劳动收入份额的地区差异实证研究——来自中国省级面板数据的证据》,《经济地理》2011 年第 9 期。

　　② 杜鹏:《转移性收入对收入差距的影响——以东北地区城镇居民为例》,《中国软科学》2004 年第 10 期。

　　③ 高铁梅、王千、范晓非:《辽宁省收入分配差距及影响因素研究》,《东北财经大学学报》2012 年第 1 期。

　　④ 吴玮:《基尼系数影响因素的实证分析——以成都市为例》,《现代经济信息》2013 年第 11 期。

　　⑤ 王亚芬、肖晓飞、高铁梅:《我国收入分配差距及个人所得税调节作用的实证分析》,《财贸经济》2007 年第 4 期。

　　⑥ 雷磊:《我国区域收入分配差距及其对经济增长的效应研究》,《西南民族大学学报》(人文社会科学版)2014 年第 7 期。

　　⑦ 刘霖、唐莲、秦宛顺:《县域经济发展不均等的影响因素:东、西部比较》,《经济科学》2010 年第 4 期。

去的不公正、贫困循环、市场活动中的歧视、教育公平等方面对收入差距的影响。我国对影响收入差距因素的研究更为接近现代自由主义学者的研究范围,主要集中在对经济发展、个人的生产力、市场因素、政府干预、城市化和就业水平影响收入差距的研究。现有文献存在的主要问题是不同研究的结论难以统一,甚至有些研究结论相悖,原因之一可能是这些文献大多直接使用已有文献的解释变量,或者按照逻辑判断,而并非从数据本身寻找规律。当研究对象和研究年份发生变化时,影响收入分配的主要矛盾可能发生改变,分析结果也可能有所变化。因此,在特定研究对象和研究时期条件下,利用科学方法从经济社会的较全面的数据中选出对收入差距有显著影响的方面或指标就显得尤为重要。其次,现有文献所使用的多是均值回归模型,当回归模型所用数据不能满足方差齐性假设、正态性假设时,回归结果将不是最优线性无偏估计,而经济社会数据大多受研究对象大小规模影响难以满足所有的假设条件。分位数回归不仅能够得到更加稳健的结果,还可以得到随着因变量数值发生变化,自变量所起的作用如何发生改变。有鉴于此,为了研究现阶段世界不同国家收入差距分布格局和影响因素,本文在已有文献的基础上,使用瑞士洛桑管理学院 IMD 年鉴的国际竞争力数据,首先使用利用分位数 LASSO 方法,从经济社会各方面选取对收入差距有解释力的变量,再进一步考察这些变量在收入差距不同水平上解释力的变化规律。

第二节　模型形式与估计方法

一、分位 LASSO 方法

在线性回归分析中,建模的难度和计算的复杂度会随着被选变元个数的增加而迅速增加。当备选变元的个数大于样本量时,很多经典的选元方法将失效。对于高维数据回归分析,逐步回归等方法往往因为很多变量间多重共线性的存在,容易陷入模型空间中局部最优的陷阱中;而一些实证分析证明逐步回归中解释变量被选择顺序发生改变时,回归系数的方差值也会发生改变,有时甚至变化很大,回归结构的稳健性无法保证。为了解决这些问题,

Tibshirani 提出了 LASSO 变量选择方法。LASSO 方法的计算原理是利用惩罚项压缩模型系数,具体是选取模型系数的绝对值函数[1]。这一算法使得对被解释变量的影响非常小的解释变量的回归系数变小,甚至被压缩为 0,从而得到稀疏解。具体的,设 $X_i = (x_{i1}, x_{i2}, \cdots, x_{ip})^T$ 为解释变量,y_i 为被解释变量,在独立性假设前提下,y_i 是相互独立的,y_i 为标准化数据(均值为 0,方差为 1),$\hat{\beta} = (\hat{\beta_1}, \hat{\beta_2}, \cdots, \hat{\beta_p})^T$。

LASSO 估计为:

$$(\hat{\beta})^{LASSO} = \arg\min\left\{ \sum_{i=1}^{n} \left(y_i - \sum_{j=1}^{p} \beta_j x_{ij} \right)^2 \right\}, \text{其中} \sum_j |\beta_j| \leq \lambda \qquad (8-1)$$

λ 是惩罚函数,取值不小于 0,用来压制压缩量。$\hat{\beta_j^0}$ 为分位数估计值,$\lambda_0 = \sum |\hat{\beta_j^0}|$,令 $\lambda < \lambda_0$,可使一些回归系数缩小并趋向于 0,甚至等于 0。

参数 λ 越大,对变量的筛选越严格。LASSO 估计中惩罚参数 λ 的估计一般有三种方法:交叉验证法、广义交叉验证法、无偏估计的风险分析。其中,交叉验证法和广义交叉验证法在观察变量分布未知的情况下得出的结果更好,而无偏估计的风险分析在观察变量分布确定的情况下得到的结果更好。实际研究中更多的使用交叉验证法。与自适应 LASSO、SCAD 等方法相比,LASSO 方法容易产生部分虚假回归,因此所选择变量是否是影响基尼系数的真实变量还需要从接下来的分位回归中进一步验证。

二、分位回归模型

本文运用回归方法以从定量角度研究哪些因素显著地影响民生发展均等化水平。传统回归技术主要是基于解释变量来估计因变量的均值,不能看到整个分配不均程度分布的影响结果,且回归假设较为严格,如有违反则回归效果会变得很差[2]。Koenker 和 Bassctt 在 1978 年引入分位数回归,将条件分位数模型化为预测变量的函数,使研究可以更加全面的理解因变量的分布是如何受

---

① Tibshirani R.J., "Regression Shrinkage and Selection via the LASSO", *Journal of the Royal Statistical Society*, Vol.58, no.1, 1996.

② 陈建宝、丁军军:《分位回归技术综述》,《统计与信息论坛》2008 年第 3 期。

到预测变量的影响,包括形状变化等信息,解决了均值回归在方差齐性假设、正态性假设以及单一模型假设被违反时所带来的失效问题,回归结果更加稳健。[①]分位回归技术的这些优点非常适合于研究影响民生发展均等化因素的作用变化规律。民生发展均等化分位数回归采用最小一乘法,基本表达式为

$$y_q(x_i) = x_i' \beta_q \tag{8-2}$$

其中,y_q 为 q 分位上的基尼系数,x_i 为影响因素向量;β_q 为 q 分位上的回归系数,其估计值可以由以下最小化问题定义:

$$\min_{\beta_q} \left[\sum_{i:y_i \geq x_i'\beta_q}^{n} q |y_i - x_i' \beta_q| + \sum_{i:y_i < x_i'\beta_q}^{n} (1 - q) |y_i - x_i' \beta_q| \right] \tag{8-3}$$

其中,当 $q = 1/2$ 时,就是中位数回归。中位数回归不易受到极端值影响,回归结果更加稳健。目前,参数回归、半参数回归和非参数回归模型都发展出了对分位回归的模型方法。对于 q 分位数回归,通常使用伪 R^2 代表其拟合优度,其表达式是:

$$1 - \frac{\sum_{i:y_i \geq x_i'\hat{\beta}_q}^{n} q |y_i - x_i' \hat{\beta}_q| + \sum_{i:y_i < x_i'\hat{\beta}_q}^{n} (1 - q) |y_i - x_i' \hat{\beta}_q|}{\sum_{i:y_i \geq \hat{y}_q}^{n} q |y_i - \hat{y}_q| + \sum_{i:y_i < \hat{y}_q}^{n} (1 - q) |y_i - \hat{y}_q|} \tag{8-4}$$

其中,$\hat{y}_q$ 为样本 q 分位数。

第三节　变量选择与统计描述

根据 IMD 年鉴数据,2011 年覆 57 个国家或地区中民生发展均等化水平最低的 10 个国家依次为哥伦比亚、南非、巴西、泰国、智利、墨西哥、秘鲁、马来西亚、保加利亚、阿根廷;民生发展均等化水平最高的 10 个国家依次为丹麦、瑞典、日本、挪威、捷克共和国、斯洛伐克共和国、乌克兰、芬兰、德国、哈萨克斯坦。中国的民生发展均等化水平较低,仅好于 57 个国家中的 14 个国家。

从所能获得数据的国家来看,基尼系数小于 30 的国家主要分布在欧洲,以及亚洲的日本。基尼系数在合理范围内的国家主要分布在欧洲、大洋洲,以及部分亚洲国家。基尼系数在警戒水平的国家主要是部分亚洲和南美国家。

[①]　Koenker R.,Bassett G.W.,"Regression quantiles",*Econometrica*,Vol.46,1978.

基尼系数大于 50 的国家主要在南美洲,也包括少部分非洲和亚洲国家,这些国家的收入差距过大,容易造成经济社会发展的混乱或动荡。由此可知,欧洲国家的民生发展差距最小,其次是北美洲和大洋洲,南美洲和非洲的民生发展差距较大。具体见表 8-1 所示。

表 8-1　2011 年世界各国基尼系数分布格局

地理范围	<30	[30,40]	[40,50]	>50	总计	均值
欧　洲	10	18	2	0	30	32.19
北美洲	0	1	1	0	2	35.60
大洋洲	0	2	0	0	2	35.60
亚　洲	1	7	6	1	15	39.38
南美洲	0	0	4	3	7	49.82
非　洲	0	0	0	1	1	57.77
总　计	11	28	13	5	57	36.98

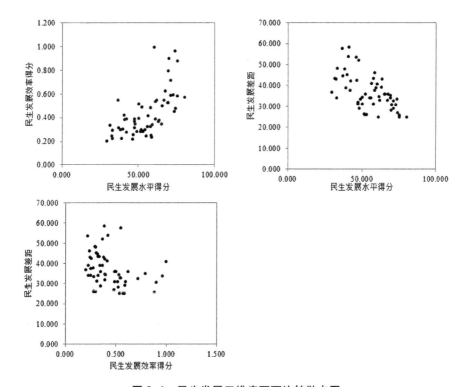

图 8-1　民生发展三维度两两比较散点图

对民生发展水平、发展效率、发展均等化的世界发展格局进行对比分析，从图8-1可以看到民生发展水平与发展效率的关系呈现二次曲线特征，相关系数达到0.6451；民生发展水平与发展差距呈现负相关特征，相关系数达到-5.776；民生发展效率和发展差距之间的关系不明显，相关系数为-0.2923。由此看来，民生发展效率与发展水平有较高的相关性，较高的民生发展效率有益于民生水平得到更快的提高；民生发展水平与发展差距呈现出中等强度的负相关性，可能存在民生发展水平越高的国家，对民生发展公平性的重视程度越高的关系；而民生发展效率和发展差距没有明显相关关系，即公平和效率之间既不是同步发展的关系，也不是此消彼长的关系。由民生发展均等化与发展水平、发展效率的分布格局有所不同，可以从数据初步推断出影响民生发展均等化水平的经济社会因素会与影响民生发展水平、发展效率的因素有所不同，这需要从下文中得到论证。

第四节　实证结果与解释分析

一、全样本条件下

（一）首先利用分位数LASSO方法从IMD年鉴库数据所包括的国家经济实力、国际化、政府管理、金融体系、基础设施、企业管理、科学技术、国民素质8个方面，以及代表经济发展的人均GDP、综合生产率、劳动生产率、第一产业生产率、第二产业生产率、第三产业生产率的二次方数据中找出对基尼系数有显著影响的因素。我们利用R软件的quantreg包进行回归，筛选出全样本条件下对基尼系数（GN）有解释力的因素包括人才外流不会影响国家竞争力（BD）、通讯科技（CT）、有效专利数（PF）、商业R&D投入比重（BER）、人均商业R&D人员数（RPB）、铁路密度（RR）、移动电话拥有率（MTS）、用水密度（WCI）、废水处理工厂服务人口比重（WWT）、人口规模（PO）、15岁以下人口比重（PU）、文盲率（IL）和工人动力（WM）。分位回归模型为：

$$GN_{it} = \alpha_0 + \alpha_1 BD_{it} + \alpha_2 CT_{it} + \alpha_3 PF_{it} + \alpha_4 BER_{it} + \alpha_5 RPB_{it} + \alpha_6 RR_{it} + \alpha_7$$

$$MTS_{it} + \alpha_8 WCI_{it} + \alpha_9 WWT_{it} + \alpha_{10} PO_{it} + \alpha_{11} PU_{it} + \alpha_{12} IL_{it} + \alpha_{13} WM_{it} + \varepsilon_{it}$$

$$(8-5)$$

（二）利用 STATA 软件对上述回归模型进行分位回归，所得结果如表 8-2 和图 8-2 所示，可以看到在 5%、25%、50%、75%、95%分位点下，回归结果的拟合优度分别为 0.5487、0.6375、0.6541、0.6943 和 0.7937，说明解释变量能够解释基尼系数的大部分信息。在 0.05 显著性水平下，上述所选变量中对基尼系数依然有显著影响的变量有人才外流不会影响国家竞争力、通讯科技、有效专利数、人均商业 R&D 人员数、铁路密度、移动电话拥有率、废水工厂服务人口比重、人口规模、15 岁以下人口比重和文盲率。这些指标代表了各个国家或地区科技创新、基础设施、人口和人力资本方面的发展水平。

表 8-2　全样本基尼系数影响因素分位回归结果

解释变量	Q05	Q25	Q50	Q75	Q95	F（sig.）
BD	−0.197 ** (−2.67)	−0.234 *** (−4.16)	−0.187 *** (−3.42)	−0.248 *** (−3.69)	−0.251 * (−2.55)	0.40 (0.8071)
CT	−0.134 (−1.28)	−0.218 *** (−3.52)	−0.0743 (−1.77)	0.0114 (0.33)	0.0434 (0.65)	3.81 (0.0053)
PF	−0.235 * (−2.49)	−0.175 ** (−2.94)	−0.140 * (−2.48)	−0.157 * (−2.58)	−0.207 (−0.71)	0.24 (0.9159)
BER	0.275 (1.91)	0.0677 (0.64)	−0.0494 (−0.55)	−0.147 (−1.65)	−0.220 (−0.97)	1.79 (0.1322)
RPB	−0.154 (−1.07)	−0.146 (−1.12)	−0.295 *** (−3.43)	−0.171 (−1.79)	−0.0994 (−0.46)	0.62 (0.6488)
RR	−0.0847 (−1.72)	−0.162 ** (−3.33)	−0.241 ** (−3.10)	−0.146 * (−2.07)	−0.0355 (−0.71)	1.61 (0.1747)
MTS	0.213 *** (5.46)	0.190 *** (6.03)	0.101 * (2.16)	0.0983 * (2.26)	0.120 (1.82)	1.97 (0.1004)
WCI	−0.0392 (−0.53)	−0.0869 (−1.40)	0.0211 (−0.31)	0.0579 (0.91)	0.0417 (0.39)	1.10 (0.3566)
WWT	0.152 (1.43)	0.225 *** (3.49)	0.348 *** (7.49)	0.276 *** (5.52)	0.179 ** (2.72)	2.18 (0.0724)
PO	0.282 *** (6.16)	0.203 *** (6.51)	0.220 *** (6.45)	0.187 *** (3.98)	0.306 ** (2.65)	1.25 (0.2909)

解释变量	Q05	Q25	Q50	Q75	Q95	F(sig.)
PU	0.237 (1.42)	0.149 (1.42)	0.246 ** (3.13)	0.385 *** (5.21)	0.497 *** (5.91)	2.31 (0.0595)
IL	0.440 * (2.58)	0.472 *** (4.56)	0.328 *** (5.49)	0.314 *** (7.01)	0.308 *** (4.50)	0.63 (0.6431)
WM	−0.193 (−1.97)	−0.0628 (−1.08)	−0.0717 (−1.22)	0.0368 (0.57)	0.0109 (0.12)	1.10 (0.3580)
_cons	−0.491 *** (−14.04)	−0.256 *** (−5.66)	0.000362 (0.01)	0.211 *** (5.32)	0.473 *** 5.60)	— —
R^2/Pseudo R^2	0.5487	0.6375	0.6541	0.6943	0.7937	—

* $p<0.05$, ** $p<0.01$, *** $p<0.001$

第一,代表科技创新的通讯科技水平、有效专利数和人均商业 R&D 人员数对基尼系数都产生负向影响,说明科技创新能够降低收入分配差距,这与古典自由主义的判断相反。科技的发展在短期内确实通过推动产业结构升级使高技术人才的工薪上升,低技术工人失业或工资降低;但另一方面,这也赋予了低收入人口通过学习、掌握新技术获得更高报酬和更好发展的机会,也使不主动提升自身知识水平的高收入人口的竞争力下降。因此,科技发展能够形成松动已有收入分配格局和财富格局的力量,有利于缩小收入差距。

第二,铁路密度代表交通基础设施水平。由孙敬水、吕杰和张广胜等人的研究可知,地区间收入差距是总体收入差距的重要组成部分。[1] 提高铁路密度能够提高不同地区之间公共运输的便利程度,有利于经济欠发达地区与发达地区沟通往来并发展经济,提高经济欠发达地区人口的收入水平,进而减小总体收入差距。

第三,废水处理工厂服务人口比重高,不仅代表政府重视防治环境污染,还说明当地拥有较高的经济水平以支持政府解决外部性问题。因此,废水处理工厂服务人口比重也可以在一定程度上代表当地的经济发展水平。废水处

---

[1] 吕杰、张广胜:《农村居民收入不均等分解:基于辽宁农户数据的实证分析》,《中国农业大学学报》2005 年第 4 期。

理工厂服务人口比重对基尼系数有正向影响关系,即说明经济发展水平越高,收入分配差距可能越大,这不同于库兹涅茨的倒 U 型曲线理论,但与王小鲁和樊纲、曹子坚和何红梅等人所得结论一致。实际上,库兹涅茨认为收入差距是经济、政治、社会和人口等系统综合作用的结果,并不会随着经济发展自发呈现倒 U 形趋势。另一方面,本文样本是同一时期的不同国家,而库兹涅茨曲线是对一个国家不同发展阶段所体现经济社会关系变化的判断,因此难以得到相同结论。

第四,影响基尼系数的人口因素和人力资源因素包括人口规模、15 岁以下人口比重和文盲率,都表现出正向影响关系。由于所用样本均是发达国家和新兴国家,人口规模大、15 岁以下人口比重高、文盲率高都是发展中国家相对拥有的特征。人口规模越大,经济形势和社会问题越复杂,想要提高所有人口的收入水平越困难;15 岁以下人口比重越大,代表人均教育投入会相对较低,同文盲率高所产生的结果一样,会导致人力资本水平差距拉大,进而扩大收入差距,这与现代自由主义学者和我国学者认为降低人力资本教育水平差距有助于减少收入差距的研究结论一致。

第五,移动电话拥有率对基尼系数产生正向影响。这是因为移动电话拥有率越高,人与人之间的信息传播越便利越快速,使那些善于获得资源的人更加方便获得和传递消息,有利于提高这部分人的收入,拉大与不善于利用信息人口收入的差距。现代自由主义者认为这一现象是由市场的不完全竞争造成的。因此,移动电话拥有率对基尼系数的影响显著,可以看作是市场不完全竞争会扩大收入差距。

第六,表 8-2 的最后一列是对不同分位回归系数是否相等的检验。由检验结果可知,通过显著性检验的废水处理工厂服务人口比重和 15 岁以下人口比重系数在不同分位处有显著差别。废水处理工厂服务人口比重随着基尼系数的减小,其影响先增大后降低,在 50% 分位处达到最大。说明收入差距较大国家,在本文中指拉美和非洲地区,发展经济造成收入差距继续扩大的作用较小;收入差距处于中等水平的国家,在本文多是指亚洲国家,发展经济对收入差距的扩大作用最大;收入差距属于中等偏下国家,本文指欧洲国家,发展经济对收入差距的拉动作用再次变小。拉美和非洲国家,市场经济制度尚未建立,分配制度不利于收入均等化,政府干预不利,由于收入差距已经较大,经济发展的拉动作用难以使情况更糟;欧洲国家社会发展比较完善,经济发展对基尼系数的拉动作用部分可以被完善的社会制度冲减掉;而作为拥有中等水平基尼系数的亚洲国家,由于市场经济制度尚在建设之中,政府的干预能力还需提高,经济的快速发展容易使掌握资源的人获得更大收益,而对低收入人群的基本保障尚不完善,因此经济发展拉动收入差距的作用最大。15 岁以下人口比重对基尼系数的影响随着基尼系数的提高逐渐增大。说明收入差距越大的地区,提高人力资本素质、减小人力资本的差距对减小收入差距越重要。

二、发达国家样本条件下

（一）仍然利用分位数 LASSO 回归方法从 IMD 年鉴库数据,以及代表经济发展的人均 GDP、综合生产率、劳动生产率、第一产业生产率、第二产业生产率、第三产业生产率的二次方数据中,找出对发达国家基尼系数有显著影响的因素。分析得到影响发达国家基尼系数的因素有金融银行规则（FBR）、服务业生产率（PS）、通讯科技（CT）、科技合作（TC）、有效专利数（PF）、商业 R&D 投入比重（BER）、人均商业 R&D 人员数（RPB）、商品可获得性（AC）、用水密度（WCI）、废水处理工厂服务人口比重（WWT）、15 岁以下人口比重（PU）、文盲率（IL）、劳动法（LR）、环境法（EL）和工人动力（WM）。分位回归模型为:

$$GN_{it} = \alpha_0 + \alpha_1 FBR_{it} + \alpha_2 PS_{it} + \alpha_3 CT_{it} + \alpha_4 TC_{it} + \alpha_5 PF_{it} + \alpha_6 BER_{it} + \alpha_7$$
$$RPB_{it} + \alpha_8 AC_{it} + \alpha_9 WCI_{it} + \alpha_{10} WWT_{it} + \alpha_{11} PU_{it} + \alpha_{12} IL_{it} + \alpha_{13} LR_{it} + \alpha_{14}$$
$$EL_{it} + \alpha_{15} WM_{it} + \varepsilon_{it} \tag{8-6}$$

（二）利用 STATA 软件对上述回归模型进行分位回归,所得结果如表 8-3 和图 8-3 所示,可以看到在 5%、25%、50%、75%、95%分位点下,回归结果的拟合优度分别为 0.7114、0.7622、0.7529、0.7523 和 0.7559,说明解释变量能够解释基尼系数的大部分信息,回归效果好于全样本时的结果。在 0.05 显著性水平下,上述所选变量中对基尼系数依然有显著影响的变量有金融银行规则、服务业生产率、有效专利数、商业 R&D 比重、人均商业 R&D 人员数、商品可获得性、用水密度、废水工厂服务人口比重、15 岁以下人口比重、文盲率、劳

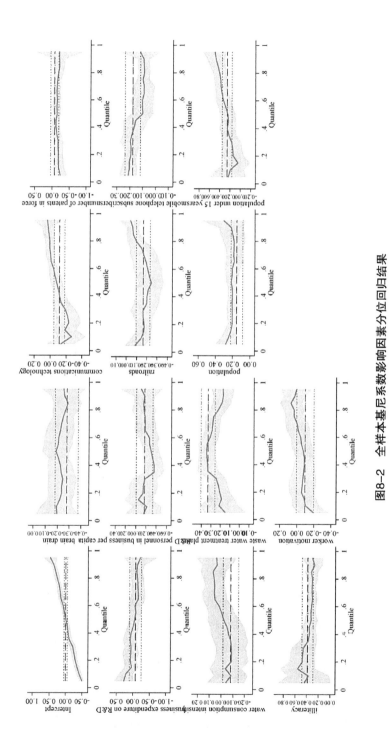

图8-2　全样本基尼系数影响因素分位回归结果

动法和环境法。这些因素同样涵盖了科技创新、经济发展、基础设施、市场竞争力、人口和人力资源方面，还涵盖了全样本条件下没有涵盖的环境和社会价值观方面的内容。

第一，代表科技创新的有效专利数、商业 R&D 投入比重和人均商业 R&D 人员数对基尼系数基本都产生负向影响，说明全样本条件下得到的科技发展能够形成松动已有收入分配格局的力量，有利于缩小收入差距的结论同样适用于发达国家。

第二，服务业生产率、金融银行规则代表着一个国家的经济和金融发展水平。其中，服务业生产率对基尼系数有正向影响，说明提高服务业生产率可能会拉大收入分配的差距，这与前文分析废水处理工厂服务人口比重所带代表的意义而得到的经济发展会导致收入差距扩大的结论一致。金融系统是社会经济发展资金融通的核心组织结构，可以看到先进的金融银行规则有利于降低基尼系数最低的5%国家的收入差距，说明这些国家的金融体系对处于创业阶段和成长阶段的公司有较好的支持作用，有利于减少失业率，并且企业的不断成长有利于提高这些公司员工的收入和福利水平，减小与高收入人群的收入差距。

第三，商品可获得性代表基本基础设施水平，对收入差距有负向作用。提高生产和消费资料的供应能力并使商品供应的空间分布更加合理有利于降低生产和销售成本，提高企业效益，进而使提高工人工资水平存在更大的空间，减小收入差距。

第四，代表人口和人力资本水平的 15 岁以下人口比重和文盲率对发达国家的收入分配影响仍然显著，说明提高教育水平对发达国家降低收入差距仍然具有重要作用。

第五，劳动法律法规代表政府对市场竞争的干预。劳动法是政府制定用于保护劳动者权利的法律，但古典自由主义学者的研究和本文的结论均显示劳动法会起到扩大收入差距的作用，原因是最低工资法可能会抑制对缺乏技术的工人的雇佣而造成失业，福利项目则破坏了自立精神、创造性和家庭的凝聚力，因此会造成拉大收入差距的结果。

与全样本条件下的结论有所不同的是：

第一，用水密度代表对资源的消耗模式。用水密度对基尼系数产生正向影响,说明在发达国家经济生产消耗自然资源强度较低的总体特征下,对自然资源的利用率越高,越有可能具有更先进的生产工艺和管理模式,越有可能充分发掘人力资源的价值并提高其收入水平。

第二,与全样本结果不同的是,发达国家的基尼系数还受到社会价值观的显著影响,工人动力属于社会价值观范畴,工人动力越强,越能够提高生产效率,提高收入,进而减少与高收入人群的收入差距。

第三,从表 8-3 最后一列对不同分位回归系数是否相等进行检验的结果来看,人均商业 R&D 人员投入对减小基尼系数的作用随着收入差距的扩大逐渐降低,说明收入差距越小的发达地区,市场自由竞争和社会制度越能够起到鼓励个人通过努力得到更好发展的作用,科技发展形成松动已有收入分配格局的力量越容易发挥作用,更有利于缩小收入差距。

表 8-3　发达国家基尼系数影响因素分位回归结果

解释变量	Q05	Q25	Q50	Q75	Q95	F(sig.)
FBR	-0. 128 * (-2. 04)	-0. 0431 (-0. 82)	0. 0126 (0. 20)	0. 0411 (0. 69)	0. 0732 (0. 80)	1. 31 (0. 2705)
PS	0. 193 ** (2. 90)	0. 326 *** (5. 43)	0. 284 *** (5. 36)	0. 235 *** (4. 14)	0. 166 * (2. 22)	1. 64 (0. 1701)
CT	-0. 118 (-1. 15)	0. 00903 (0. 12)	0. 0126 (0. 18)	-0. 0132 (-0. 20)	0. 0129 (0. 12)	0. 51 (0. 7303)
TC	0. 0712 (0. 56)	0. 0639 (0. 58)	-0. 00975 (-0. 10)	0. 0212 (0. 25)	-0. 0430 (-0. 28)	0. 22 (0. 9289)
PF	-0. 209 * (-2. 26)	-0. 0959 (-1. 29)	-0. 0508 (-0. 65)	-0. 0101 (-0. 15)	0. 0563 (0. 66)	1. 30 (0. 2728)
BER	0. 721 ** (3. 12)	0. 565 ** (2. 89)	0. 369 (1. 52)	0. 210 (0. 98)	-0. 144 (-0. 56)	1. 88 (0. 1185)
RPB	-0. 894 *** (-4. 50)	-0. 967 *** (-5. 61)	-0. 792 ** (-3. 37)	-0. 579 ** (-2. 75)	-0. 216 (-0. 98)	2. 22 (0. 0708)
AC	-0. 0184 (-0. 15)	-0. 147 (-1. 65)	-0. 197 * (-2. 39)	-0. 214 ** (-2. 78)	-0. 180 (-1. 58)	0. 62 (0. 6514)
WCI	0. 248 * (2. 57)	0. 136 * (2. 01)	0. 112 (1. 22)	0. 150 (1. 07)	0. 159 (0. 81)	0. 67 (0. 6158)
WWT	0. 298 ** (2. 77)	0. 240 ** (2. 72)	0. 297 *** (3. 79)	0. 348 *** (4. 01)	0. 395 ** (3. 03)	0. 43 (0. 7862)

续表

解释变量	Q05	Q25	Q50	Q75	Q95	F(sig.)
PU	0.228 *** (3.66)	0.246 *** (4.55)	0.244 *** (4.47)	0.289 *** (5.48)	0.253 ** (3.10)	0.26 (0.9057)
IL	0.391 *** (5.79)	0.316 *** (5.29)	0.320 *** (6.34)	0.358 *** (8.28)	0.335 *** (7.03)	0.54 (0.7033)
LR	0.119 (1.05)	0.0603 (0.69)	0.114 (1.41)	0.193 * (2.16)	0.345 ** (2.67)	1.07 (0.3742)
EL	−0.0224 (−0.28)	0.00434 (0.06)	0.0139 (0.15)	−0.0371 (−0.37)	−0.0488 (−0.37)	0.12 (0.9732)
WM	−0.209 (−1.14)	−0.249 (−1.75)	−0.279 * (−2.35)	−0.304 * (−2.60)	−0.372 * (−2.49)	0.13 (0.9710)
_cons	−0.387 *** (−10.22)	−0.207 *** (−5.74)	−0.00799 (−0.14)	0.154 * (2.48)	0.403 *** (6.97)	— —
R^2/Pseudo R^2	0.7114	0.7622	0.7529	0.7523	0.7559	—

$^*p<0.05$, $^{**}p<0.01$, $^{***}p<0.001$

三、发展中国家样本条件下

(一)利用分位数 LASSO 回归方法从 IMD 年鉴库数据,以及代表经济发展的人均 GDP、综合生产率、劳动生产率、第一产业生产率、第二产业生产率、第三产业生产率的二次方数据中,找出对发展中国家基尼系数有显著影响的因素包括股票市场(SM)、通讯科技(CT)、在用计算机数量(CU)、铁路密度(RR)、移动电话拥有率(MTS)、城镇化(UP)、文盲率(IL)和农业生产率的平方数(SPA)。分位回归模型为:

$$GN_{it} = \alpha_0 + \alpha_1 SM_{it} + \alpha_2 CT_{it} + \alpha_3 CU_{it} + \alpha_4 RR_{it} + \alpha_5 MTS_{it} + \alpha_6 UP_{it} + \alpha_7 IL_{it} + \alpha_8 SPA_{it} + \varepsilon_{it} \tag{8-7}$$

(二)用所选出的变量作为解释变量,以基尼系数作为被解释变量进行分位回归,所得结果如表 8-4 和图 8-4 所示,可以看到在 5%、25%、50%、75%、95%分位点下,回归结果的拟合优度分别为 0.6229、0.6793、0.6726、0.7402 和 0.8108,解释变量能够解释基尼系数的大部分信息,解释能力高于全样本条件。在 0.05 显著性水平下,上述所选变量中对基尼系数依然有显著影响的

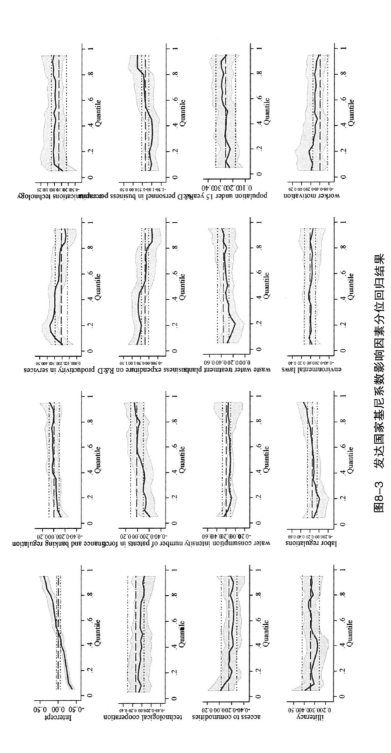

图8-3　发达国家基尼系数影响因素分位回归结果

变量有通讯科技、移动电话拥有率、城镇化和文盲率。通过显著性检验的因素的数量明显少于全样本和发达国家样本条件，仅涵盖了科技创新、人口和人力资源方面，且对不同分位处回归系数是否相等的检验都不能拒绝全部相等的原假设。发展中国家的经济社会发展水平仍然较低，对收入差距有显著作用的因素更集中地表现在核心矛盾方面。通过 LASSO 筛选出的农业生产率平方数未能通过分位回归的显著性检验，仍然无法支持库兹涅茨倒 U 曲线理论。

通讯科技仍然代表科技创新，文盲率代表人力资本水平，移动电话拥有率代表市场的不完全竞争，这些方面对收入差距有显著影响，和全样本、发达国家样本情况相同。此外，在城镇化进程中，进入城市生活的非城镇人口不断增多，在初期只能从事低水平的劳动，使城镇人口收入差距扩大，同时这还增大了城市该部分就业供给人群的竞争压力，增加失业。因此，城镇化水平提高可能会扩大收入差距，这与朱峰的研究结论一致。

表 8-4　发展中国家基尼系数影响因素分位回归结果

解释变量	Q05	Q25	Q50	Q75	Q95	F(sig.)
SM	0.154 (1.15)	0.0479 (0.50)	0.0352 (0.36)	0.00138 (0.02)	0.0139 (0.11)	0.27 (0.8941)
CT	−0.142 (−0.74)	−0.145 (−1.17)	−0.198* (−2.09)	−0.143 (−1.47)	−0.109 (−0.66)	0.16 (0.9568)
CU	0.369 (1.93)	0.0380 (0.38)	−0.0221 (−0.29)	−0.00334 (−0.04)	0.130 (0.99)	1.47 (0.2226)
RR	−0.113 (−0.94)	−0.0629 (−0.79)	−0.0604 (−0.79)	−0.0199 (−0.15)	−0.277 (−1.14)	0.56 (0.6950)
MTS	0.176 (1.44)	0.258*** (3.52)	0.278** (2.87)	0.258** (2.81)	0.231 (1.86)	0.15 (0.9637)
UP	−0.0715 (−0.30)	0.288* (2.13)	0.299** (2.67)	0.361* (2.29)	0.0156 (0.05)	1.39 (0.2483)
IL	0.503** (2.75)	0.500*** (3.67)	0.705*** (4.34)	0.831*** (5.65)	1.000*** (4.53)	1.27 (0.2893)
SPA	0.0362 (0.45)	−0.0436 (−0.78)	−0.0644 (−1.06)	−0.0797 (−1.23)	−0.120 (−1.28)	0.48 (0.7468)
_cons	−0.507*** (−5.59)	−0.216*** (−4.12)	−0.00467 (−0.06)	0.208* (2.65)	0.504*** (6.66)	—
R^2/Pseudo R^2	0.6229	0.6793	0.6726	0.7402	0.8108	—

* $p<0.05$, ** $p<0.01$, *** $p<0.001$

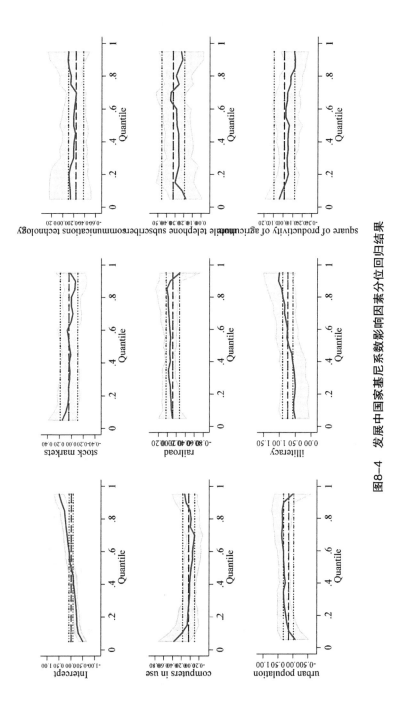

图8-4　发展中国家基尼系数影响因素分位回归结果

　　本章对影响收入差距因素的国内外文献进行整理与分类,总结出现有文献的关注范围和研究重点。在此基础上,本文利用瑞士洛桑国家管理学院 IMD 年鉴数据,对 2011 年世界 59 个国家或地区的收入差距发展格局进行分析。本文利用适用于高维数据筛选变量的分位数 LASSO 方法,从基本能够反映经济社会所有方面发展特征的指标集中,找出对基尼系数有解释力的指标。最后,分别在全样本、发达国家、发展中国家样本条件下,利用筛选出的指标,对基尼系数进行分位回归并找出规律。通过定量研究,本文得到了如下的结论:

　　民生发展均等化水平最低的国家包括哥伦比亚、南非、巴西、泰国、智利等;民生发展均等化水平最高的国家包括丹麦、瑞典、日本、挪威、捷克共和国等;中国的民生发展均等化水平较低。欧洲国家的民生发展差距最小,其次是北美洲和大洋洲,南美洲和非洲的民生发展差距较大。

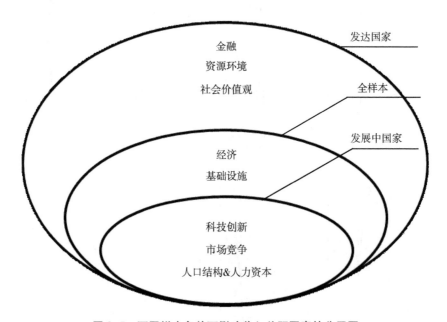

图 8-5　不同样本条件下影响收入差距因素的分层图

　　在国家发展的不同阶段,影响收入分配以及民生发展差距的因素不断变化,如图 8-5 所示。首先,发展中国家经济社会发展尚处于较低水平,影响收入差距的因素比较直接和明确,包括科技创新、市场竞争公平性、人力结构和人力资本。科技创新给低收入人群提供通过学习科学技术和自身努力得到更高收入的机会,市场竞争公平性和教育公平性是保障劳动者公平竞争和拥有相似的劳动资本的必要条件,城镇化进程加大了城镇低水平劳动的竞争程度,扩大城镇内的收入差距。第二,全样本条件下影响收入差距的因素有所增加,介于发达国家和发展中国家之间,在影响发展中国家因素基础上增加了经济发展和基础设施建设水平。收入差距并不必然随着经济发展水平的提高而自动的先扩大后缩小,经济增长使收入总量增长,人们的收入水平逐步拉开。基础设施的完善有利于降低企业生产成本,提高盈利能力进而提高薪酬水平;同时,交通基础设施建设有利于缩小地区之间运输距离,有利于经济往来进而减小发展差距。第三,发达国家的经济和社会发展都处于较高水平,经济社会运行机制更为复杂,金融发展、环境资源保护和社会价值观方面的内容对收入差距也产生了影响。其中,金融发展有利于处于创业阶段的或中小型企业筹集资金,企业发展有利于提高员工福利。发达国家对资源环境进行集约利用代表具有较先进的生产工艺和管理理念,越能充分发掘员工潜力并提高其收入。低收入群体的生产积极性直接影响其劳动效率和劳动报酬。

基于如上结论,提出政策建议包括:首先,利用产业优化升级提高科技创新在国民经济发展中的地位和作用,积极推动企业开展创新活动,促进科技创新转化为生产力。第二,建立健全社会主义市场经济制度,保障商品服务市场和劳动力市场竞争的公平性,让市场在资源配置中发挥决定作用。第三,坚定不移地推动教育公共服务均等化,提高经济落后地区的公共教育服务财政资金和人才支持,避免因经济问题和制度缺陷导致贫困循环。第四,加强基础设施建设,加强经济发达地区和欠发达地区的交通基础设施建设,提高基本基础设施建设、商务基础设施和健康基础设施投入和建设。第五,从长远角度来看,需要借鉴发达国家情况,包括使金融系统更加重视对中小企业和处于创业阶段企业的金融服务,注重环境保护,提高资源利用效率,弘扬爱岗敬业、积极向上的工作价值观等。

第 九 章

研究结论与政策建议

第一节　研究结论

一、民生与社会生产力互动发展研究结论

民生发展的内涵是民众的生存和生活状态,以及发展机会、发展能力和权益保护的状况。民生发展的外延是经济社会大系统的要素,除了就业、消费、文化教育、健康医疗、社会保障、安全和休闲要素,还包括生产力、创新能力、基础设施建设、自然资源环境、人口、收入和社会制度环境方面。

本书提出有益于我国经济社会良性发展的民生发展与社会生产力互动发展理论,人们的生存和生活,以及发展机会、发展能力和权益保护是民生系统的核心,包括就业、消费、文化教育、健康医疗、社会保障、安全和休闲,生产力发展和创新是民生系统的持续动力支持,民生与生产力双引擎驱动机制是整个系统的运行关键,环境和基础设施是民生发展保障的公共条件,收入、人口再生产和社会制度构成连接民生核心与生产力和基础力之间的纽带力,总体上形成一个大的竞争力系统循环,并由低级向高级循序渐进、可持续发展。

通过实证分析,证明了民生核心要素与生产力之间存在着长期均衡关系,民生核心要素与生产力在长期上互动发展。民生核心要素与生产力的互动关系还体现在短期波动上,教育和医疗与生产力之间的长期均衡关系对二者和生产力的短期波动有显著影响,就业、消费与生产力的长期均衡关系对二者的

短期波动没有显著影响。民生发展存在明显的空间相关性,代表国家社会制度环境的法律制度、政府管理、文化和价值观对民生与生产力互动发展机制有显著影响,其中政府管理发挥作用最直接、效果最明显,其次是法律制度,文化和价值观对社会经济发展起到协调和促进作用、作用强度相对较小。国家发展阶段越相近的国家之间民生发展的溢出作用越强烈,社会制度环境对发展中国家的边际影响可能更大。

二、民生发展国际竞争力统计变量体系研究结论

民生指数研究是判断民生发展水平的方法,通过比较得到对发展优劣势的认识,为从现实角度制定改善民生政策提供不可或缺的数据基础和评论依据。本书建立理想版民生发展国际竞争力统计变量体系,分为民生发展核心力、民生发展驱动力、民生发展基础力和民生发展纽带力 4 个子系统,子系统包括就业、消费、文化教育等 14 大项。设置每一大项内部结构都遵循着衡量水平、变化趋势、结构、设施、环境、资金和人员投入,以及所包含重要方面的思路。利用瑞士洛桑国际管理学院 IMD 数据对世界 59 个国家或地区的民生发展竞争力评价结果基本符合客观事实。

三、民生发展国际格局研究结论

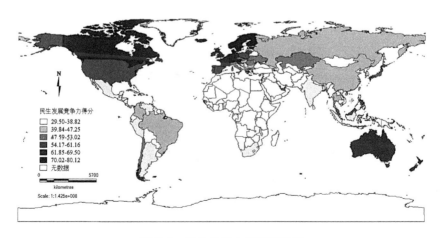

图 9-1　民生发展水平国际格局

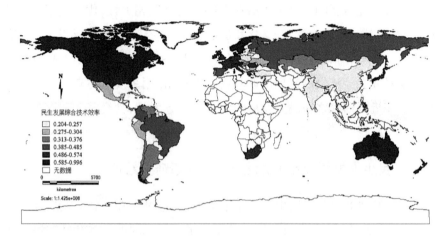

图9-2　民生发展综合技术效率国际格局

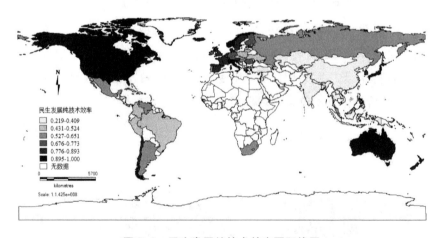

图9-3　民生发展纯技术效率国际格局

（一）民生发展国际格局

对民生发展水平、民生发展效率和民生发展均等化分析结果进行总结分析结果,如图9-1至图9-5所示,可以得出民生发展国际格局如下:

第一,民生发展水平最高的地区包括北欧国家、大洋洲的澳大利亚和新西兰、北美洲的加拿大、部分中欧和西欧国家,这些国家的民生发展效率也相对较高,其中的北欧国家、中欧和西欧国家能够兼顾民生发展高效率和高度均等化,但澳大利亚、新西兰和加拿大是以牺牲公平换效率,虽然发展效率高,但均

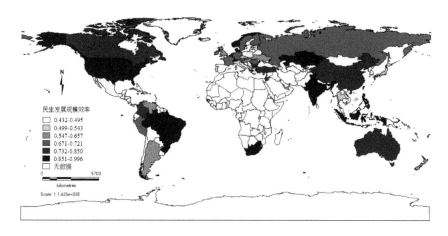

图 9-4　民生发展规模效率国际格局

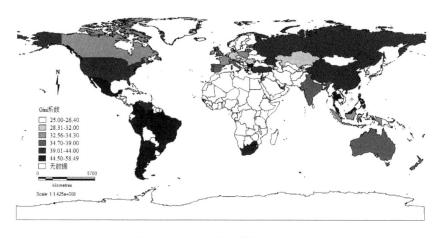

图 9-5　民生发展均等化国际格局

等化水平较低。

第二,民生发展水平较高地区包括美国、其余的欧洲国家、亚洲的日本和新加坡等,其中中西欧国家和日本具有较高的发展效率,也能兼顾发展的公平性,东欧国家发展效率较低,但均等化水平较高,美国是以公平换效率的典型国家,新加坡的发展效率排名中等,均等化水平较低。

第三,亚洲、南美洲和非洲国家大多属于民生发展较低或低水平地区,其中东亚国家发展水平、发展效率和均等化水平均较低,南美洲国家和南非的民生发展效率稍高,但不能均等发展的情况非常严重。

(二)民生发展变化态势

第一,从 1996—2014 年,大部分国家或地区的民生发展水平在不断提高。民生发展水平提高幅度最大的是亚洲国家,其次是南美和欧洲国家。民生发展水平提高 15 分以上的国家包括亚洲的中国、马来西亚、阿联酋、卡塔尔,欧洲的英国和波兰。民生发展水平提高在 5 分以下的包括大洋洲的澳大利亚、欧洲的乌克兰、希腊和匈牙利、南美洲的阿根廷和秘鲁、亚洲的印度,另外只有欧洲的保加利亚和亚洲的约旦民生发展水平不升反降。

第二,大部分国家的民生发展效率也在不断提高。民生效率提高幅度最大的是大洋洲国家,其次是北美和欧洲国家,民生发展水平提高幅度最大的亚洲和南美洲国家其民生发展效率反倒提升幅度最小,亚洲不同国家之间的民生发展效率差距最大。民生发展效率提高 0.4 分以上的包括大洋洲的澳大利亚、欧洲的瑞士、卢森堡、挪威和罗马尼亚。民生发展效率不升反降的国家包括南美洲的秘鲁、欧洲的克罗地亚、乌克兰和俄罗斯、亚洲的哈萨克斯坦。

(三)民生要素发展水平国际格局

丹麦、德国、美国和日本作为发达国家的代表,在各个民生要素上都占有绝对优势,尤其在国家公共服务创新发展上。首先,丹麦等四国对失业率、长期失业率和青年失业率的控制比较有效。其次,丹麦等四国在教育水平、教育环境、教育支出和职业教育均表现出明显优势,在医疗卫生方面,这些国家的健康水平更高、医疗人员和保健基础设施更加充足以及对公共健康支出强度更大。第三,丹麦等四国的社会福利保障制度较发展中国家起步早,也更加成熟,在失业和社会保障、医疗和残疾人保险、老年人保险方面的福利制度全面且高度发展。第四,丹麦等四国对人身和财产安全的保障能力高,数据安全和政治安全程度也相对较高。第五,丹麦等四国的消费和休闲水平也较高,经济发展的需求驱动模式较为成熟,但生活压力相对较大,主要表现在主要城市生活费用、住房消费较高。丹麦等四国的休闲资源和休闲设施水平较好,且人均工作时间低于印度、中国和日本,有更多的时间可用于休闲活动。

(四)民生发展纯技术效率与规模效率国际格局

民生发展效率是民生发展纯技术效率和规模效率的乘积,民生发展纯技术效率和规模效率不是简单的线性关系。民生发展效率高的地区包括北美洲国家、北欧和中西欧部分国家、大洋洲的澳大利亚和新西兰、亚洲的日本,这些国家的纯技术效率都较高,但加拿大、瑞典、澳大利亚、新西兰和日本的民生发展规模效率的竞争力变弱。与此相反,民生发展综合效率较低的哈萨克斯坦、印度、印度尼西亚、菲律宾、巴西和南非等国的规模效率竞争力更强,亚洲的中国、约旦、土耳其,欧洲的保加利亚,南美洲的哥伦比亚、秘鲁等国同样具有较低的民生发展纯技术效率和较高的规模效率。民生发展纯技术效率和规模效率都较低的国家包括南美洲的墨西哥、委内瑞拉,欧洲的波兰、捷克、拉脱维亚,亚洲的泰国、马来西亚等。

（五）民生与社会生产力互动发展国际格局

第一,以丹麦、美国和德国为代表的发达国家在生产力和创新、基础设施和生态环境、社会制度与社会环境方面的优势更有利于民生发展。生产率高是推动民生发展的核心优势,人力资源、金融体系对经济发展和民生改善的促进作用更加有效。创新是社会经济和民生发展的助推器,发达国家创新水平的明显优势不仅得益于对创新资金和人员的大力投入,在创新环境建设,包括知识产权保护、技术标准制定以及法律和金融环境对创新活动的支持等方面的优秀经验更值得发展中国家学习。民生发展对这些国家的经济发展和创新活动的拉动作用比较显著,对文化、教育和休闲娱乐的消费比重较高。

第二,基础设施和自然环境是民生发展的基础条件。发达国家的基础设施建设较为完善,在交通、能源、信息和基本基础设施的水平、覆盖率和使用效率都具有明显优势。发达国家的资源利用效率高、环境保护措施比较有效,可持续发展水平高。

第三,发达国家的法律建设较为完善,失业法、竞争法、环境法等法律规范对保障就业、促进公平竞争和经济发展、保护生态环境起到了不可或缺的作用。与发达国家相比,中国和俄罗斯等国政府对经济改革和社会发展的控制力强,有效的政府决策更加有利于改善民生,但政府不透明和官僚主义影响政府工作效果。丹麦等国的社会环境中社会责任感、工作动力、不适当行为在公共领域不盛行、公平等氛围较好,但在社会凝聚力、社会价值观、民族文化、性别平等、灵活性和适应性等方面部分"金砖国家"表现出对民生和社会生产力发展更有利的特征。丹麦等国有利于改善民生的人口和收入特征包括城镇化水平、人口质量水平较高,以及收入水平高,丹麦、德国和日本的收入分配更加均匀。但也同样存在不利因素,如人口增长缓慢,老龄化趋势更加明显,税负相对更重,收入增速较慢等。

四、中国民生发展研究结论

2014 年中国民生发展水平、发展效率和发展均等化水平都较低,在 59 个国家中分别排名第 42、51 和 43 位。中国民生发展水平提高速度迅速,但发展效率亟需提高,从 1996 年至今,中国民生发展水平提高 17.74 分,排名上升 7 位,民生发展效率提高了 0.066 分,排名下降 3 名。

中国民生发展处于弱势主要体现在民生资源人均水平较低,资源分配不均,以及民生发展结构失衡。首先,民生资源人均水平较低,尤其体现在基本公共服务资源人均水平较低,人均的教育投入、医疗卫生投入与社会保障投入都有待提高。其次,民生发展不均等情况比较突出,主要体现在民生发展的城乡差距、行业差距和地区差距较大。第三,民生发展结构存在失衡,社会保障、健康医疗和休闲水平等多方面呈现明显弱势,但就业和消费是我国民生发展竞争力的优势所在,这得益于庞大的消费总量、较低的失业率、生活成本和赡养比。民生发展结构失衡还体现在各民生要素内部,比如,婴幼儿保健水平不断提高而成年人健康有恶化趋势,重视医疗资源的投入而健康保健基础设施投入不足等。在社会生产力方面,中国基础设施水平相对较好,而生产力驱动水平仍然较低,自然环境基础差严重影响了基础力的整体水平,社会制度环境作为发展纽带其效用需要提高。从动态发展来看,我国大部分民生要素都在逐渐优化,但社会保障、自然环境、收入和社会制度环境四个方面共同出现走弱趋势。

中国的民生发展效率较低,主要原因是纯技术效率较低,而规模效率较高。2014 年中国民生发展纯技术效率和规模效率分别排名第 55 位和第 19 位,分别比 1996 年提高了 0.132 分和 0.14 分,排名分别下降了 5 名和 3 名。

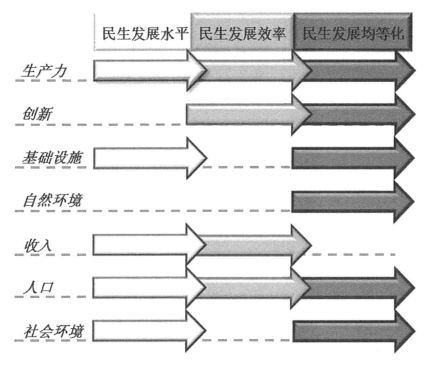

图 9-6 民生发展三维度影响因素结构图

五、民生发展影响因素研究结论

经济社会不同要素对民生发展的影响作用不尽相同,如图 9-6 所示。首先,生产力和人口要素对民生发展水平、发展效率和发展均等化都有显著影响。生产力要素中,金融系统发展水平对民生发展水平有显著影响,服务业生产率对民生发展效率和均等化产生显著影响,人才外流对民生发展均等化产生显著影响。人口要素中,人口年龄结构对民生发展水平和均等化水平都有显著影响,人口教育水平影响民生发展效率,人口规模、受教育水平差异和城镇化比例影响民生均等化水平。其次,科技创新对民生发展效率和均等化都产生显著影响。其中,创新资金投入影响民生效率,商业创新资金和人员投入、创新成果数量及实用性影响着民生发展均等化水平。第三,基础设施建设和社会制度环境对民生发展水平和民生发展均等化的提高起着重要作用。其中，信息基础设施水平对民生发展水平有显著影响，公共交通能力、通讯设施水平和基本公共设施水平（如商品交易方便水平）影响民生发展公平性。而对于社会制度环境，贪污腐败等行为影响民生发展水平，普通劳动者的劳动动力和劳动法的施行水平影响民生均等化水平。第四，自然环境要素仅对民生发展均等化产生一定影响，包括资源使用强度和污染处理能力。第五，收入水平影响民生水平和民生效率。其中，普通劳动者的收入水平对民生发展水平有显著影响，收入差距影响民生效率。

（一）民生发展水平影响因素

分别代表生产力、基础设施、收入、人口和社会环境的金融系统发展水平、信息基础设施水平、普通劳动者收入、劳动力比重和贪污腐败行为对民生发展水平均产生显著影响。随着一个国家民生发展水平的逐渐提高，收入增长和劳动力比重提高对改善民生的促进作用逐渐减小，社会制度环境的影响作用逐渐提高，信息基础设施建设在民生高水平更加重要，而生产力对改善民生起着稳定的促进作用。

由于历史文化、社会体系和经济发展水平的不同使民生影响因素的作用机制各不相同。收入水平对亚洲发展中国家地区和中东地区民生水平的拉动作用最明显，对东欧以外的欧洲和英美等发达国家的影响相对温和；社会制度环境对亚洲地区和东欧以外欧洲地区国家的影响作用更强；劳动力比重对大部分国家民生水平的提高都起着重要作用，作用较大的如亚洲、东欧和南美地区，但对北美、东欧以外欧洲和大洋洲经济发达国家几乎没有显著作用；基础设施建设对各地区国家民生水平都产生正向影响；生产力是民生水平的重要驱动力。

（二）民生发展效率影响因素

生产力、科技创新、收入和人口要素显著影响民生发展效率。其中，服务业生产率、科技创新支出、收入差距和人口教育水平影响民生发展综合技术效率和纯技术效率；服务业生产率、科技创新支出、人口规模、人口教育水平、污染治理水平影响民生发展规模效率，与此同时，规模效率会随着纯技术效率的提高而出现高—低—高的 U 型变化趋势特征。

在经济社会发展的不同阶段,民生发展效率影响因素的影响水平发生变化。首先,对于综合技术效率,服务业生产率、科技创新投入、收入差距和人口受教育差距对发达国家有显著作用,而发展中国家只受收入差距的显著影响,且收入差距对发达国家的影响程度高于发展中国家。其次,对于民生发展纯技术效率,服务业生产率、科技创新投入和收入差距在发达国家发挥着重要作用,而发展中国家仅受收入差距的影响,且收入差距对发达国家的影响程度高于发展中国家。第三,对于民生发展规模效率,发达国家和发展中国家都显示出随着纯技术效率提高而出现的 U 型变化特征,发达国家的变化更趋于平缓,此外,发达国家还受服务业生产率、科技创新投入、人口教育水平的显著影响,而发展中国家仅受污染处理水平的影响。第四,服务业生产率和科技创新投入对发达国家综合技术效率的影响最大,其次是规模效率,对纯技术效率的影响最小;收入差距对综合技术效率和纯技术效率的影响程度接近,而人口教育水平对综合技术效率的影响程度与规模效率接近。第五,收入差距对发展中国家民生发展综合技术效率的影响程度低于纯技术效率。

（三）民生发展均等化影响因素

民生发展均等化水平受到生产力、科技创新、基础设施、自然环境、人口和社会制度环境要素的显著影响。在国家发展的不同阶段,影响收入分配以及民生发展差距的因素不断变化。首先,发展中国家经济社会发展尚处于较低水平,影响收入差距的因素比较直接和明确,包括科技创新、市场竞争公平性、人力结构和人力资本。其次,全样本条件下影响收入差距的因素有所增加,介于发达国家和发展中国家之间,在影响发展中国家因素的基础上增加了经济发展和基础设施建设水平。第三,发达国家的经济和社会发展都处于较高水平,经济社会运行机制更为复杂,金融发展、环境资源保护和社会价值观方面的内容对收入差距也产生了影响。第四,文盲率对发达国家和发展中国家的民生发展均等化都产生显著影响,对发展中国家的影响更大,说明提高整体国民教育水平对发展中国家减小民生差距更为重要。

第二节 政策建议

一、侧重于实现民生与生产力双引擎驱动的政策建议

由前文研究结果可知，我国民生发展滞后于经济发展的原因在于没有实现民生与生产力的互动发展，在新常态下实现这一双引擎驱动发展模式，我们需要强调利用现代科技信息手段、推动民生领域中小微企业发展和提高政府民生服务水平的重要意义：

第一，民生需求是经济增长的不竭动力，2014年中央经济工作会议指出我国"模仿型排浪式消费阶段基本结束，个性化、多样化消费渐成主流"，"基础设施互联互通和一些新技术、新产品、新业态、新商业模式的投资机会大量涌现"，这些代表了我国消费和投资的新需求。因此，如何发现、培育、壮大有利于改善民生的消费需求，引导投资方向，这就需要强调现代科技信息手段的作用。利用现代科技信息手段推动民生需求与生产力发展的互动发展主要从利用大数据时代和科技信息化的有利时机，对民生需求特征进行更精准定位，利用现代信息手段提高服务创新能力，从不断推进服务产品创新和财政管理体制改革等方面着手。

第二，企业是生产力的组成单位，是提供民生供给的基本单位，也是科技创新的核心，而中小微企业经营灵活，能够更快更精细的满足新的民生需求。因此，民生领域的中小微企业是实现民生与生产力互动发展的重要力量。让企业生产更好地满足民生需求，首先要让市场更好的发挥在资源配置中的决定作用，保证企业间的公平竞争，加快形成统一透明、有序规范的市场环境。其次，提高金融系统对企业发展的资金支持，尤其是有创新潜力的民生领域中小微企业的资金需求，建立中小微企业的信用评级体系，并适当利用税收减免等手段给这一部分中小微企业以更多的政策支持。

第三，各级政府必须摒弃唯GDP的发展目标，积极实行以推动民生与生产力互动、可持续发展为核心的社会经济发展战略和考核制度，提高政府管理效率和透明度。建立健全保障民生的法律制度是当务之急，扭转当前改善民

生主要依靠政治命令和"民生礼包"的现状,通过立法处理好生产与消费、积累与消费的关系,使我国民生发展更加具有稳定性和前瞻性,使民生发展体系更加完整、结构更加合理,并建立监督与制约机制、减小地区间差距,使人民对保护自身的生存、生活和发展权益有法可依。重视文化和价值观对社会经济发展的协调和推动作用,积极鼓励与引导个人和企业通过不断吸收优秀传统文化和价值观提高个人修养、建立企业文化,提高社会凝聚力、培养社会责任感,使民生与生产力互动发展更加高效、有序、和谐。

二、侧重于提高民生发展水平的政策建议

由前文的民生发展国际竞争力评价研究可知,我国民生发展中排名靠后的包括文化教育、健康医疗、社会保障、安全、休闲等要素,主要涉及基本公共服务方面。通过研究还可以发现我国民生发展存在的问题主要是人均水平低、均等化水平低和结构失衡,要有效缓解及解决这些发展短板,就需要重点发展如下方面:

第一,提高普通劳动者和中低收入群体的收入水平,提高劳动报酬在国民收入分配中的占比。推动民生与生产力双引擎驱动模式发展是改善民生、实现经济持续健康发展的重要途径,而前提条件是提高普通劳动者和中低收入群体的收入,释放消费潜力。提高劳动者收入从长期看要依靠生产率提高和产业结构升级,而现阶段更需加强相关法律法规对劳动者权益的保护,全面推进工资集体协商制度,增强工会和职工代表大会的作用,特别是要使工会能够真正代表工人利益并反映工人诉求。同时,要努力缩小行业间、区域间和城乡间收入差距,严格规范过高薪酬、促进中西部地区经济发展、改革户籍制度和稳妥推进农村土地制度改革是可行的解决办法。

第二,加大基本公共服务投入,稳步提高对教育卫生事业和社会保障资金的投入力度。由 IMD 数据库可知,2011 年我国公共健康支出占健康总支出的55.89%,同年丹麦和德国分别达到 85.16%和 75.85%;2012 年我国公共教育支出占 GDP 比重为 4.09%,同年丹麦和英国分别达到 7.88%和 6.05%;根据邵雪松等(2011)的研究,2001 年我国社会保障支出占财政支出的 23.1%,同年德国和瑞典分别达到 46.2%和 41.4%。由此可知,我国民生财政支出水平

远低于发达国家。在新常态下，要积极推动基本公共服务制度的转型，通过立法建立与完善各项制度，不断提高民生支出占财政支出的比重。与此同时，提高我国的民生水平不只要靠政府的一己之力强势推进，还要更好地利用市场和社会力量。

三、侧重于提高民生发展效率的政策建议

提高我国民生发展效率是加快改善民生速度的重要手段，我国提高民生发展效率应从提高生产效率和科技创新能力着手。

第一，由前文对民生发展效率的研究可知，服务业生产率对民生发展综合效率、纯技术效率和规模效率都起到显著作用，由此可见，发展中国家民生发展效率落后的重要原因是生产效率低，尤其是服务业生产效率低。结合我国当前情况来看，我国服务业市场化水平亟待提高，这体现在市场准入制度中的限制条件较多，企业进入部分服务业行业市场比较困难，降低了这部分市场竞争的激烈强度；一些企业存在政府背景能够获得更多的发展资源，尤其是在通讯、电力、市政、交通等涉及民生利益的服务行业，垄断现象比较严重等。面对服务行业的这些问题，我们不仅要优化市场准入、市场监管等环节，更加重要的是鼓励非公经济的逐步、适当发展，创造公平、有序的市场竞争环境。鼓励以满足民生需求为主要目的而产生的服务业新兴业态的发展，还需通过政策引导等方式加快专业化分工体系的扩展和深化。

第二，提高民生发展效率同样要重视科技创新的重要支持作用，这需要从科研院所以及整个创新链的角度，从创新投入和创新产出两个方面加以考虑。对于科研院所提高民生科技创新水平，可以从国家科研立项增加民生领域项目的数量比重和资金比重，充分调动科研院所研究人员的研究积极性。从整个创新链角度，加强"政产学研用"创新链上各个主体之间的合作，使科研创新成果更好地转化为实际生产力，在市场上获得认可。以上是从创新的投入角度，那么从创新的产出角度，由于民生科技具有准公共物品的特性，政府可以通过减免税、增加政府购买本国民生科技创新产品的比重等相关政策加以扶持并培育市场需求。

四、侧重于提高民生发展均等化的政策建议

第一,努力推进基本公共服务均等化。在整个国家推进基本公共服务均等化首要工作是准确评估整个国家基本公共服务资源,结合我国国情,明确基本公共服务均等化的目标以及范围,结合实际财政能力制定各个行政层级的基本公共服务资金和人员投入、设施设备的标准。根据基本公共服务收益范围和性质,明确各级政府的事权,其中中央政府主要负责基本公共服务财政转移支付以及服务监督评估,地方政府负责服务规划、服务组织以及服务实施,对基本公共服务事权的分配尽量做到合理分类、合理分配比例。继续深化教育、医疗、社会保证、安全等民生领域的基本公共服务体制改革,使基本公共服务体系在不同地区之间和城乡之间实现有效对接,打破因户籍制度、权利制度、社会关系结构而产生的歧视,避免因经济问题和制度缺陷导致贫困循环。

第二,加强民生基础设施建设。由前文分析可知,基本生活基础设施、公共交通基础设施、信息通讯基础设施对提高民生发展均等化起到显著的作用,因此,各级政府未来加强基础设施建设应侧重于对包括基本生活、公共交通、信息通讯、健康教育等方面民生基础设施的投入和建设。对民生基础设施的建设还要注意结构的合理性和使用的可持续性,比如,我国对健康基础设施的投入更多的是针对公共医疗系统,而对服务于公共健康的运动场馆、文化场馆和心理健康中心的投入远远没能满足需求,已有设施的使用效率、日常管理和维护需要加强。我国地方政府对基础设施的投资筹资方式推高了部分地区土地价格并使银行风险增大,《国家新型城镇化规划(2014—2020 年)》(2014)提出要建立规范透明的城市建设投融资机制,则必须要以完善法律法规体系和改革当前政府预算制度作为制度保障和前提条件。

附　　录

附表 1　民生发展竞争力理想指标体系

目标层	主准则层	次准则层	指　　标　　层
民生系统核心	就业	就业水平	就业率,就业增长率,城镇登记失业率,长期失业率,25 岁以下人口失业率
		就业条件	周人均工时,通勤时间,退休制执行情况,生产安全事故死亡人数,职业病发病率
		就业服务	本年末职业介绍机构人数占年末总人口比重,本年末职业指导人数占年末总人口比重
		就业环境	女性劳动力比例,劳动市场供需差,预期工资与实际工资之差
	消费	消费水平	城镇/农村人均居民最终消费支出,家庭消费支出占 GDP 比例,居民最终消费支出实际变化率,储蓄率
		消费结构	城镇/农村居民家庭恩格尔系数,城镇/农村居民人均文化消费,移动电话费用,雇员和雇主的社会保障缴款率
		住房消费	租房支出比收入,城镇居民房价收入比,城市/农村居民家庭人均住房面积,卫生设施,经济适用房销售面积
		消费压力	居住价格指数,食品价格指数,居民消费价格指数,商品零售价格指数,价格上涨
	文化教育	教育水平	成人识字率,平均受教育年限,中学入学率,已获得高等学历比例,学龄前儿童教育社会化
		教育环境	初等教育生师比,中等教育生师比,科学教育水平
		教育支出	公共教育支出占 GDP 比例,城镇/农村居民人均教育支出,人均公共教育支出
		职业教育	雇员培训,农村劳动力实用技术培训人数比重,中等职业教育生师比,高职(专科)学校生师比

目标层	主准则层	次准则层	指　标　层
民生系统核心	健康医疗	健康水平	出生时预期寿命,婴儿死亡率,精神病患者占比,主要传染病发病率
		设施人员	每千人口医院和卫生院床位数,每位医生平均病人数,每位护士平均病人数,社区卫生服务机构本科及以上学历者比重
		老幼保健	老年人患病情况,老年人生活自理情况,老年人情绪及精神状况,儿童疾病情况,儿童生长发育情况,儿童预防接种情况
		健康支出	健康公共支出占健康总支出比重,城镇/农村居民人均健康支出,人均健康经费支出,人均健康支出增长率
	社会福利保障	社保水平	职工人均保险福利费,城市/农村人均养老金水平占人均收入比重,城镇/农村最低生活保障救助标准比人均消费支出,离退休职工平均退休金比人均收入
		覆盖范围	城镇/农村社保覆盖率,城镇基本医疗保险覆盖率/新农合覆盖率,城市/农村养老保险覆盖率,失业保险覆盖率,工伤保险参保率,农村五保户供养率,城乡社会救济额
		福利设施	每万人城乡福利院床位,街道社区服务设施,乡办养老院覆盖率
		社保支出	社会保障支出占 GDP 之比,财政支出中社会保障支出比重,养老金收支差,人均医保费用,残疾人保障占社会保障支出比例
	安全	事故频率	工矿商贸十万就业人员事故死亡率,万车交通事故死亡人数,万人火灾发生率,刑事治安案件发生量,食品药品中毒事件
		事故损失	交通事故平均财产损失,火灾平均直接经济损失,刑事治安案件直接经济损失
		安全环境	风灾、水灾、冰冻、雷电、雾、地震等发生频率,产品质量省级监督抽查合格率,食品药品、建筑材料和装饰材料、化妆品监督抽查合格率
		安全支出	公共安全占财政支出比重,国防支出占财政支出比重,水利工程建设投资完成率,地震灾后恢复重建支出占财政支出比重
	休闲	休闲时间	文化娱乐时间,体育运动时间,鉴赏、增进知识时间,社交时间
		休闲项目	文化娱乐生活用品消费量,体育用品消费量,鉴赏、增进知识的用品消费量,社交用品消费量
		休闲设施	文化娱乐生活设施,体育设施,鉴赏、增进知识的设施,社交设施,闲暇的耐用消费品拥有率,闲暇的交通工具拥有量
		休闲支出	文化娱乐生活支出,体育健身支出,鉴赏、增进知识支出,社交支出

续表

目标层	主准则层	次准则层	指 标 层
民生系统动力	生产力	经济实力	综合生产率,劳动生产率,农业/工业/服务业生产率,人均 GDP
		经济结构	企业国有化,第三产业增加值比重,外贸依存度,清洁能源使用率
		经济发展	综合生产率增长率,劳动生产率增长率,人均 GDP 实际增长率,货物出口增长率
		经济条件	汇率稳定性,贸易条件指数,不同水平劳动力容易获得,银行和金融服务有效性
	创新	创新水平	科技人员平均专利授权数,科技人员平均论文发表量,企业新产品产值占总产值比重,企业平均新产品出口收入
		资金投入	人均 R&D 经费支出,R&D 支出占 GDP 比重,企业开发新产品平均经费,R&D 经费增长率
		人员投入	R&D 人员占从业人员比重,人均 R&D 项目(课题)人员全时,人均 R&D 人员全时当量,R&D 人员全时当量增长率
		创新环境	知识产权保护,政府采购先进技术产品,技术市场成交额增长率
民生系统基础力	基础设施	设施水平	水运/陆运/空运能力,城市每万人拥有公交车辆,人均宽带带宽,能源基础设施有效
		覆盖范围	铁路网/公路网密度,人均城市道路面积,城市用水普及率,城市燃气普及率,城市排水管道密度
		使用情况	主要航空公司运载乘客数,每千人宽带用户,每千人移动电话用户,人均邮电业务量
		投入维护	交通运输支出占财政支出比重,城市维护建设税占财政收入比重,资源勘探电力信息等事物支出占财政支出比重,基础设施维护费
	自然环境	环境资源	人均水资源量,人均耕地面积,森林覆盖率,土地荒、碱化率,生物多样性
		环境质量	空气质量达到二级以上的天数,主要径流断面水质,集中式饮用水水源地水质达标率,地表水与地下水水质达标率
		使用排放	单位 GDP 用水量/能耗,人均生活用水量,人均生活污水排放量,单位 GDP 废水/废气/二氧化碳/工业粉尘排放量
		环境治理	人均造林面积,城镇生活垃圾无害化处理率/生活污水处理率/工业废水排放达标率,环境污染治理投资总额占 GDP 比重,节能保护支出占财政支出比重

目标层	主准则层	次准则层	指　标　层
民生系统纽带力	收入	收入水平	城镇居民人均可支配收入,农村居民人均纯收入,城镇单位就业人员平均工资,人均负担人口
		收入增长	城镇居民人均可支配收入增长率,农村居民人均纯收入增长率,城镇单位就业人员平均工资增长率,人均负担人口变化率
		收入分配	收入最高10%/最低10%人口收入比重,基尼系数,收入最高和最低行业平均工资差异,个人收入税比重
		收入结构	工资收入比重,金融投资收益比重,财产性收入比重,转移支付收入比重
	人口	人口规模	人口总量,新生儿总量,劳动力总量,城市人口总量
		人口增长	人口增长率,人口出生率,劳动力增长率,城市人口增长率
		人口结构	65岁以上/15岁以下人口比重,劳动力占人口比例,城镇化率,流动人口比重
		人口质量	平均家庭规模,文盲率,预期健康生活年龄,离婚率
	社会制度及环境	制度水平	法律框架,劳动法有效性,竞争法有效性,环境法有效性
		管理水平	政府决策有效性,经济和社会改革有效性,政府透明度,官僚主义
		管理投入	政府行政费用占GDP比重,财政支出占GDP比重,城乡社会事务支出占GDP比重,金融监管等事务支出占财政支出比重
		社会环境	社会凝聚力/社会责任感,社会价值观/民族文化,贪污腐败盛行,工人动力,政府机构女性比例

参 考 文 献

一、专著

北京师范大学管理学院、北京师范大学政府管理研究院:《2011 中国民生发展报告》,北京师范大学出版社 2011 年版。

陈强:《高级计量经济学及 STATA 应用》,高等教育出版社 2014 年版。

郭晓科:《大数据》,清华大学出版社 2013 年版。

国务院发展研究中心课题组:《民生文本中国基本公共服务改善途径》,中国发展出版社 2012 年版。

何建华:《分配正义论》,人民出版社 2007 年版。

胡鞍钢:《中国:民生与发展》,中国经济出版社 2008 年版。

宋晓梧:《民生在勤勤则不匮——宋晓梧谈民生》,中国友谊出版公司 2010 年版。

孙文:《民生主义》,国民书局 1924 年版。

习近平:《决胜全面建成小康社会　夺取新时代中国特色社会主义伟大胜利:在中国共产党第十九次全国代表大会上的报告》,人民出版社 2017 年版。

习近平:《论坚持全面深化改革》,中央文献出版社 2018 年版。

习近平:《在十三届全国人民代表大会第一次会议上的讲话》,人民出版社 2018 年版。

夏征农、陈至立:《辞海》,上海辞书出版社 2010 年版。

赵彦云:《国际竞争力统计模型及应用研究》,中国标准出版社 2005 年版。

郑功成:《关注民生》,人民出版社 2004 年版。

周长城:《生活质量的指标构建及其现状评价》,经济科学出版社 2009 年版。

郑杭生、李强:《社会运行导论——有中国特色的社会学基本理论的一种探索》,中国人民大学出版社 1993 年版。

Hao,L.X.,Naiman,D.Q.,:《分位数回归模型》,肖东亮译,格致出版社、上海人民出版社 2012 年版。

170

Timothy,J.,Coelli,D.S.,Rao,P.,O'Donnell,C.,Battese,G.E.,:《效率和生产率分析导论》,刘大成译,清华大学出版社 2009 年版。

二、中文期刊

IUD 领导决策数据分析中心:《2011 省级区域民生指标体系——江浙沪民生指数排名全国前三》,《领导决策信息》2011 年第 5 期。

北京师范大学中国民生发展报告课题组:《中国民生发展指数总体设计框架》,《改革》2011 年第 211 期。

曹子坚、何红梅、魏巍:《甘肃省居民收入分配基尼系数的测算和回归分析》,《西北人口》2008 年第 4 期。

蔡洪滨:《健康、医疗与民生》,《群言》2011 年第 1 期。

陈建宝、丁军军:《分位数回归技术综述》,《统计与信息论坛》2008 年第 3 期。

陈群民、吴也白:《2012 年上海民生问题调查报告》,《上海经济研究》2013 年第 5 期。

戴平生:《医疗改革对我国卫生行业绩效的影响——基于三阶段 DEA 模型的实证分析》,《厦门大学学报》(哲学社会科学版)2011 年第 6 期。

杜鹏:《转移性收入对收入差距的影响——以东北地区城镇居民为例》,《中国软科学》2004 年第 10 期。

范如国、张宏娟:《民生指数评价的理论模型及实证》,《统计与决策》2013 年第 6 期。

符淼:《收入不均的影响因素及其分配机制的调适》,《改革》2008 年第 7 期。

高铁梅、王千、范晓非:《辽宁省收入分配差距及影响因素研究》,《东北财经大学学报》2012 年第 1 期。

管彦庆、刘京焕、王宝顺:《中国省级公共医疗卫生支出效率动态评价研究——基于医疗卫生体制改革视角》,《贵州财经大学学报》2014 年第 1 期。

韩华为、苗艳青:《地方政府卫生支出效率核算及影响因素实证研究——以中国 31 个省份面板数据为依据的 DEA-Tobit 分析》,《财经研究》2010 年第 5 期。

郝梅瑞:《上海市居民收入差距研究》,《首都经济贸易大学学报》2006 年第 3 期。

胡俊生:《民生:和谐社会的关键词——专访全国人大常委、中国人民大学教授郑功成》,《绿色中国》2005 年第 4 期。

华建敏:《始终坚持以人为本 努力解决民生问题》,《国家行政学院学报》2007 年第 2 期。

蒋大椿:《孙中山民生史观析论》,《中国社会科学》2000 年第 2 期。

金荣学、宋弦:《新医改背景下的我国公共医疗卫生支出绩效分析:基于 DEA 和 Malmquist 生产率指数的实证》,《财政研究》2012 年第 9 期。

金碚:《论民生的经济学性质》,《中国工业经济》2011 年第 1 期。

雷磊:《我国区域收入分配差距及其对经济增长的效应研究》,《西南民族大学学报》(人文社会科学版)2014 年第 7 期。

李林杰、齐娟、王杨等:《民生质量评价指标体系研究》,《统计与决策》2012 年第 17 期。

李培林、景天魁、李汉林等:《努力构建社会主义和谐社会》,《中国社会科学》2005 年第 3 期。

李望月:《微观数据和宏观汇总数据在统计分析上的差异——以 C-D 生产函数为例》,《数学的实践与认识》2014 年第 6 期。

李志平、丁一:《湖北民生福利的演变趋势与政策启示》,《统计与决策》2013 年第 12 期。

李志强:《基于生态学思维方式的民生指标体系构建及评价理论探析》,《江西财经大学学报》2010 年第 6 期。

刘霖、唐莲、秦宛顺:《县域经济发展不均等的影响因素:东、西部比较》,《经济科学》2010 年第 4 期。

罗楚亮、王亚珂:《城镇居民收入差距扩张及其因素的经验分析》,《华中科技大学学报》(社会科学版)2012 年第 3 期。

吕杰、张广胜:《农村居民收入不均等分解:基于辽宁农户数据的实证分析》,《中国农业大学学报》2005 年第 4 期。

刘尚希:《论民生财政》,《财政研究》2008 年第 8 期。

民生统计研究课题组:《北京市民生统计指标体系建设研究》,《数据》2010 年第 7 期。

牛文元:《全面建设小康社会的科学发展观》,《中国科学院院刊》2004 年第 3 期。

青连斌:《中国共产党民生思想的创新及其实践》,《科学社会主义》2011 年第 3 期。

孙敬水、黄秋虹:《中国城乡居民收入差距主要影响因素及其贡献率研究——基于全国 31 个省份 6937 份家庭户问卷调查数据分析》,《经济理论与经济管理》2013 年第 6 期。

孙敬水、于思源:《行业收入差距影响因素及其贡献率研究——基于全国 19 个行业 4085 份问卷调查数据分析》,《山西财经大学学报》2014 年第 1 期。

孙敬水、于思源:《物质资本、人力资本、政治资本与农村居民收入不平等——基于全国 31 个省份 2852 份农户问卷调查的数据分析》,《中南财经政法大学学报》2014 年第 5 期。

沙杰、杨志刚:《民生统计指标体系浅见》,《中国统计》2008 年第 7 期。

邵雪松、杨燕红:《社会保障支出的国际比较研究》,《厦门特区党校学报》2011 年第 2 期。

唐任伍:《我国城镇化进程的演进轨迹与民生改善》,《改革》2013 年第 6 期。

陶冶:《丹麦社会福利制度运行机制对中国的启示》,《现代商贸工业》2012 年第 9 期。

陶涛、夏亮:《我国各地区内部贫富分化影响因素分析》,《经济问题探索》2010 年第 5 期。

王宝顺、刘京焕:《中国地方公共卫生财政支出效率研究——基于 DEA-Malmquist 指数的实证分析》,《经济经纬》2011 年第 6 期。

王桂胜：《我国收入差距影响因素研究》，《人口与经济》2008 年第 4 期。

王慧英：《纳入民生改善的我国特大城市发展指数研究——以北京为例》，《经济问题探索》2013 年第 1 期。

王金南、蒋洪强、张惠远等：《迈向美丽中国的生态文明建设战略框架设计》，《环境保护》2012 年第 23 期。

王俊：《中国政府卫生支出规模研究——三个误区及经验证据》，《管理世界》2007 年第 2 期。

王小鲁、樊纲：《中国收入差距的走势和影响因素》，《经济研究》2005 年第 10 期。

王亚芬、肖晓飞、高铁梅：《我国收入分配差距及个人所得税调节作用的实证分析》，《财贸经济》2007 年第 4 期。

王冠中：《新加坡人民行动党改善民生的实践及启示》，《东南亚研究》2008 年第 4 期。

吴玮：《基尼系数影响因素的实证分析——以成都市为例》，《现代经济信息》2013 年第 11 期。

吴忠民：《民生的基本含义及特征》，《中国党政干部论坛》2008 年第 5 期。

汪祥春：《解读奥肯定律——论失业率与 GDP 增长的数量关系》，《宏观经济研究》2002 年第 1 期。

肖海翔、周帆、邵彩霞：《地方政府卫生支出效率核算及影响因素分析》，《统计与决策》2011 年第 23 期。

杨金龙：《中国乡村民生评量体系的设计与实证研究》，《中国科技论坛》2013 年第 8 期。

张宁、胡鞍钢、郑京海：《应用 DEA 方法测评中国各地区健康生产效率》，《经济研究》2006 年第 7 期。

张晓岚、刘孟飞、吴勋：《区域经济发展、医疗体系特征与医疗卫生技术效率》，《西安交通大学学报》(社会科学版)2013 年第 1 期。

张亚斌、吴江、冯笛：《劳动收入份额的地区差异实证研究——来自中国省级面板数据的证据》，《经济地理》2011 年第 9 期。

郑杭生：《社会建设要以改善民生为重点》，《北京党史》2008 年第 1 期。

中国统计学会"地区发展与民生指数研究"课题组：《2011 年地区发展与民生指数(DLI)报告》，《调研世界》2013 年第 3 期。

朱峰：《我国区域居民收入差距影响因素实证分析》，《企业研究》2012 年第 20 期。

祝大平：《对上海城市居民收入差距的研究》，《上海统计》2003 年第 3 期。

张力、沈士团、张杰庭等：《教育是民生之基》，《群言》2007 年第 11 期。

赵彦云、李静萍：《中国生活质量评价、分析和预测》，《管理世界》2000 年第 3 期。

甄峰、赵彦云：《中国制造业产业国际竞争力：2007 年国际比较研究》，《中国软科学》2008 年第 7 期。

庄腾飞：《一定范围内奥肯定律失效原因的初探》，《人口与经济》2006 年第 2 期。

三、中文学位论文

陈然:《社会民生网络论坛活跃分子的行为与动因研究——以天涯社区天涯杂谈为例》,华中科技大学 2012 年博士学位论文。

程方:《清代山东农业发展与民生研究》,南开大学 2010 年博士学位论文。

董晔:《资源开发视角下新疆民生科技需求与发展研究》,新疆大学 2012 年博士学位论文。

韩剑锋:《"裕民、齐民、新民"——孙中山民主主义思想研究》,南开大学 2012 年博士学位论文。

何春玲:《民生财政构建与完善中的养老保障研究》,财政部财政科学研究所 2010 年博士学位论文。

贺方彬:《中国特色社会主义民生观研究》,中共中央党校 2013 年博士学位论文。

李青:《论 1865—1913 年俄国地方自治机构的民生活动》,吉林大学 2012 年博士学位论文。

李权:《民生政治及其在当代中国的构建逻辑》,陕西师范大学 2013 年博士学位论文。

林祖华:《社会主义民生思想与资本主义民生思想比较研究》,扬州大学 2011 年博士学位论文。

刘齐:《回到乡土:邰爽秋民生教育思想与实践研究》,南京师范大学 2014 年博士学位论文。

鲁敏:《我国民生科技发展问题研究》,吉林大学 2013 年博士学位论文。

陆志鹏:《民生视角的政府绩效多尺度评估方法及应用》,南京航空航天大学 2010 年博士学位论文。

皮庆侯:《孙中山民生主义伦理思想研究》,湖南师范大学 2006 年博士学位论文。

沙占华:《民生效率问题研究》,首都师范大学 2011 年博士学位论文。

绍菲乌拉:《小额信贷对孟加拉国农村居民民生和自主权的影响——政府和非政府金融机构的比较研究》,浙江大学 2014 年博士学位论文。

王慧:《新民主主义革命时期中国共产党民生思想研究》,华东师范大学 2014 年博士学位论文。

王涛:《中国特色社会主义民生建设研究》,山东师范大学 2010 年博士学位论文。

王伟同:《公共服务绩效优化与民生改善机制研究——模型机构与经验分析》,东北财经大学 2009 年博士学位论文。

王璋:《灾荒、制度、民生——清代山西灾荒与地方社会经济研究》,南开大学 2012 年博士学位论文。

吴少进:《马克思恩格斯民生思想及其在中国的运用与发展》,安徽大学 2012 年博士学位论文。

肖宇亮:《中国民生问题的财政投入研究》,吉林大学 2013 年博士学位论文。

闫婷：《中国财政民生支出规模与结构的优化研究》，辽宁大学 2013 年博士学位论文。

叶琛：《中国共产党民生理论与实践研究》，福建师范大学 2012 年博士学位论文。

岳彬：《改革开放以来的中国民生建设研究》，兰州大学 2011 年博士学位论文。

张媚：《基于民生视角的非经营性国有资产管理研究》，西南财经大学 2012 年博士学位论文。

张顺：《公民权利视角下的中国农民民生问题研究》，东北财经大学 2011 年博士学位论文。

张现成：《广州居民对亚运举办民生举措的知觉和满意度及其对凝聚力的影响》，华中师范大学 2011 年博士学位论文。

张湘富：《中国共产党保障和改善民生理论与实践研究》，东北师范大学 2013 年博士学位论文。

赵辉：《科学发展观视阈下的民生科技探析》，东北大学 2010 年博士学位论文。

郑俏：《十六大以来中国共产党民生建设研究》，东北师范大学 2014 年博士学位论文。

周澍：《社会管理转型：从管控主导转向激活社会和促进民生》，浙江大学 2013 年博士学位论文。

四、英文期刊

Arslan, S., Akkas, O. A., "Quality of College Life(QOL) of Students in Turkey: Students' Life Satisfaction and Identification", *Social Indicators Research*, No.1, 2013, pp.1−16.

Barrodale, I., Roberts, F.D.K., "An Improved Algorithm for Discrete Lx Linear Approximation", *SIAM Journal on Numerical Analysis*, No.10, 1973, pp.839−848.

Bhattacharya, P. K., Gangopadhyay. A. K., "Kernel and Nearest Neighbour Quantile Regression Model", *Econometrica*, Vol.66, 1990, pp.627−651.

Boschama, R., "Proximity and Innovation: A Critical Assessment", *Regional Studies*, Vol.39, No.1, 2005, pp.61−74.

Breiman, L., "Bagging Predictors", *Machine learning*, Vol.24, No.2, 1996, pp.123−140.

Clemente, J., Marcuello, C., Montanés, A. and Pueyo, F., "On the International Stability of Health Care Expenditure Functions: Are Government and Private Functions Similar?" *Journal of Health Economics*, Vol.23, 2004, pp.589−613.

David, B.E., Tandon A., Murray, C., Lauer, J.A., "The Comparative Efficiency of National Health Systems in Producing Health: An Analysis of 191 Countries", *GPE discussion paper series*, No.29, EIP/GPE/EQC, World Health Organization.

David, S.H., "Hospital Efficiency Measurement and Evaluation: Empirical Test of a New Technique", *Medicare*, Vol.22, No.10, 1984, pp.922−938.

Dogan, T., Tugut, N., Golbasi, Z., "The Relationship between Sexual Quality of Life, Happiness, and Satisfaction with Life in Married Turkish Women", *Sexuality and Disability*, Vol.31,

No.3，2013，pp.239-247.

Elhorst，J.P.，"Unconditional Maximum Likelihood Estimation of Dynamic Model for Spatial Panel"，*Geographical Analysis*，Vol.37，No.1，2005，pp.85-106.

Fassio，O.，Rollero，C.，Piccoli，N.D.，"Health，Quality of Life and Population Density：A Preliminary Study on 'Contextualized' Quality of Life"，*Social Indicators Research*，Vol.110，No.1，2013，pp.479-488.

Ferrer-i-Carbonell，A.，Gowdy，J.M.，"Environmental Degradation and Happiness"，*Ecological Economics*，Vol.60，No.3，2007，pp.509-516.

Frank，I.E.，Friedman，J.H.，"A Statistical View of Some Chemometrics Regression Tools"，*Technometrics*，Vol.35，No.2，1993，pp.109-135.

Färe，R.，Grosskopf，S.，Lindgren，B.，Poullier，J.P.，"Productivity Growth in Health Care Delivery"，*Medical Care*，Vol.35，No.4，1997，pp.354-366.

Grace，V.V.，"Ownership and Technical Efficiency of Hospitals"，*Medical Care*，Vol.28，No.6，1990，pp.552-561.

Grace，V.V.，"Sensitivity Analysis for DEA Models：An Empirical Example Using Public Versus NFP Hospitals"，*Journal of Public Economics*，Vol.48，No.2，1992，pp.185-205.

Gupta，S.，Verhoeven，M.，"The Efficiency of Government Expenditure Experiences from Africa"，*Journal of Policy Modeling*，Vol.23，2001，pp.433-467.

Hagerty，M.R.，Veenhoven，R.，"Wealth and Happiness Revisited-Growing National Income Does Go with Greater Happiness"，*Social Indicators Research*，Vol.64，No.1，2003，pp.1-27.

He，X.，Hu，F.，"Markov Chain Marginal Bootstrap"，*JASA*，Vol.97，2002，pp.783-795.

Hollingsworth，B.，"Non-Parametric and Parametric Applications Measuring Efficiency in Health Care"，*Health Care Management Science*，Vol.4，No.6，2003，pp.203-218.

Karmarker，N.，"A New Polynomial Time Algorithm for Linear Programming"，*Combinatorica*，No.4，1984，pp.373-395.

Koenker，R.，Bassett，G.W.，"Regression Quantiles"，*Econometrica*，Vol.46，1978，pp.33-50.

Koenker，R.，Ng，P.，Portnoy，S.，"Quantile Smoothing Splines"，*Biometrika*，Vol.81，1994，pp.673-680.

Koenker，R.，Orey，D.，"Computing Regression Quantiles"，*Applied Statistics*，Vol.43，1993，pp.410-414.

Lin，C.H.A.，Lahiri，S.，Hsu，C.P.，"Happiness and Regional Segmentation：Does Space Matter？"，*Journal of Happiness Studies*，Vol.15，No.1，2014，pp.57-83.

Luiz R.D' Agostini，Alfredo，C.F.，"Quality of Living Conditions in Rural Areas：Distinctively Perceived and Quantitatively Distinguished"，*Social Indicators Research*，Vol.89，No.3，2008，pp.487-499.

Madsen，K.，Nielsen，H.B.，"A Finite Smoothing Algorithm for Liner Lx Estimation"，*SIAM*

Journal on Optimization, No.3, 1993, pp.223-235.

Milligan, K., Moretti, E., Oreopoulos, P., "Does Education Improve Citizenship? Evidence from the United States and the United Kingdom", *Journal of Public Economics*, Vol.88, No.9-10, 2004, pp.1667-1695.

Nigel Barber, "The Influence of Abnormal Sex Differences in Life Expectancy on National Happiness", *Journal of Happiness Studies*, Vol.10, No.2, 2009, pp.149-159.

Nye, J.S., "The Changing Nature of World Power", *Political Science Quarterly*, 1990, Vol. 105, No.2, pp.177-192.

Ozcan, Y.A., Luke, R.D., Haksever, C., "Ownership and Organizational Performance: A Comparison of Technical Efficiency across Hospital Types", *Medical Care*, Vol.30, No.9, 1992, pp.781-794.

Ozcan, Y.A., McCue, M.J., Okasha, A.A., "Measuring the Technical Efficiency of Psychiatric Hospitals", *Journal of Medical Systems*, Vol.20, No.3, 1996, pp.141-150.

Parzen, M.I., Wei, L.J., Ying, Z., "A Resampling Method Based on Pivotal Estimating Functions", *Biometrika*, Vol.81, 1994, pp.341-350.

Portnoy, S., Koenker, R., "The Gaussian Hare and the Laplacian Tortoise: Computability of Squared-Error versus Absolute-Error Estimators", *Stat. Science*, No.12, 1997, pp.279-300.

Richard, A.E., "Feeding the Illusion of Growth and Happiness: A Reply to Hagerty and Veenhoven", *Social Indicators Research*, Vol.74, No.3, 2005, pp.429-443.

Sexton, T.R., Leiken, A.M., Nolan, A.H., "Evaluating Managerial Efficiency of Veterans Administration Medical Centers Using Data Envelopment Analysis", *Medical Care*, Vol.27, No.12, 1989, pp.1175-1188.

Shawna, G., Margaritis, D., Valdmanis, V.G., "Comparing Teaching and Non-Teaching Hospitals: A Frontier Approach", *Health Care Management Science*, No.4, 2001, pp.83-90.

Shawna, G., Valdmanis, V.G., "Measuring Hospital Performance: A Non-Parametric Approach", *Journal Health Economics*, No.6, 1987, pp.87-92.

Tibshirani, R.J., "Regression Shrinkage and Selection via the LASSO", *Journal of the Royal Statistical Society*, Vol.58, No.1, 1996, pp.267-288.

Vasanthakumar, N.B., "Institutional Arrangements and Efficiency of Health Care Delivery Systems", *The European Journal of Health Economics*, Vol.3, No.6, 2005, pp.215-222.

Veenhoven, R., "Apparent Quality-of-Life in Nations: How Long and Happy People Live", *Social Indicators Research*, Vol.25, 2005, pp.61-86.

Veenhoven, R., "Happy Life-Expectancy: A Comprehensive Measure of Quality-of-Life Innations", *Social Indicators Research*, Vol.39, 1996, pp.1-58.

Veenhoven, R., Hagerty, M., "Rising Happiness in Nations 1946-2004: A Reply to Easterlin", *Social Indicators Research*, Vol.79, No.3, 2006, pp.421-436.

Wu,C.H.,"Enhancing Quality of Life by Shifting Importance Perception among Life Domains",*Journal of Happiness Studies*,Vol.10,No.1,2009,pp.37-47.

Yu,K.,"Smoothing Regression Quantile by Combining K-NN Estimation with Local Kernel Fitting",*Statistica Sinica*,No.9,1999,pp.759-774.

Yu,K.,Jones,M.C.,"Local Linear Quantile Regression",*JASA*,Vol.90,1999,pp.1257-1270.

责任编辑：柴晨清

图书在版编目(CIP)数据

民生发展竞争力:测度方法、国际比较与影响因素/王雪妮 著. —北京：
 人民出版社,2020.10
ISBN 978-7-01-021928-8

Ⅰ.①民…　Ⅱ.①王…　Ⅲ.①社会保障-研究-中国　Ⅳ.①D632.1

中国版本图书馆 CIP 数据核字(2020)第 037804 号

民生发展竞争力:测度方法、国际比较与影响因素

MINSHENG FAZHAN JINGZHENGLI CEDU FANGFA GUOJI BIJIAO YU YINGXIANG YINSU

王雪妮　著

人民出版社 出版发行
(100706　北京市东城区隆福寺街 99 号)

北京虎彩文化传播有限公司印刷　新华书店经销

2020 年 10 月第 1 版　2010 年 10 月北京第 1 次印刷
开本:710 毫米×1000 毫米 1/16　印张:12
字数:211 千字

ISBN 978-7-01-021928-8　定价:49.00 元

邮购地址 100706　北京市东城区隆福寺街 99 号
人民东方图书销售中心　电话 (010)65250042　65289539